JN132756

ドイツ人のすごい働き方

日本の3倍休んで成果は1.5倍の秘密

西村栄基
SHIGEKI
NISHIMURA

すばる舎

はじめに

・急いでいるつもりなのに、仕事が定時で終わらない
・頑張れば頑張るほど、残業時間が増えている気がする
・毎日バタバタしているうちに一日が終わってしまう
・一日どころか、忙しくしているうちに気づけば一年が過ぎている
・プライベートでやりたいことが山ほどあるのに、疲れて手が伸びない
・会社も仕事も気に入っているけれど、働き方はこのままじゃいけないと思っている

本書を手に取ってくださったあなたは、こんな悩みをお持ちなのではないでしょうか？
かつては、私もそうでした。

私は現在、日本企業の海外駐在員として、**ドイツで勤務している現役の会社員**です。
駐在歴は２つの会社で計17年、そして、欧州向けビジネスに携わること30年になります。

前職の某半導体メーカーに就職したのは1990年代前半。バブル経済が崩壊しようとしていた頃でした。

この直後にやってくる、長い就職氷河期の前に「ギリギリの滑り込みセーフ」で就職したはいいものの、当時は正直、**ポンコツもいいところ**でした。

半導体の基礎知識はあやふやで、設計経験はまったくないし、プログラミングもできない。幸い、面倒見のいい先輩方の指導のおかげで徐々に仕事を身につけていきましたが、早朝から深夜まで働いても毎日残業つづきで、成果に見合ったフィードバックは得られず、**やりがいを見失いつつありました。**

そんな景色が一変したのが、28歳での**ドイツ初出張**のときでした。

当時、欧州担当としてすでに数年が経過していましたが、ドイツ支社の職場を訪れるのは、はじめてのことでした。

ドイツ人たちの働き方を見て、私は愕然としました。

そのときの衝撃は今でも忘れられません。

・朝早くに働き始め、夕方には颯爽と仕事を終える
・終業間際には一斉にデスクを片付け始め、17時にはオフィスから人が消える
・デスクの上は毎日、新品のように整理整頓されている
・年間約30日間の有給休暇をフル取得
・2〜3週間の長期休暇も当たり前、にもかかわらず仕事は回る

早く帰ったり休んだりするばかりで、仕事をおろそかにしているのかというと、そんなことはなく、顧客の厳しい要求にも納期どおり対応し、日本よりも高い給与水準を実現していました。

驚くと同時に、悔しい想いもわき上がってきました。
「**自分は睡眠時間を削って、毎日必死に仕事をこなしている。なぜ、この人たちは無理せず、短い時間で成果を残せるのだろうか？**」

このときから、私の「ドイツ人の働き方」研究が始まりました。

その真髄は「**限られた時間で、最高の効率を発揮し結果を出す**」という、いわゆる労働生産性の高さで、あらゆるデータでも明らかになっています（OECDなど国際機関調べ）。

- **GDPは、日本を抜き世界第3位（2023年）**
- **日本に比べて約1・5倍高い労働生産性（2022年）**
- **日本より年間266時間短い労働時間（2022年）**
- **日本より約40％多い平均賃金（ドル換算・2022年）**

ドイツ人たちに学び、実践し「セルフ働き方改革」を進めるうち、彼らのワークスタイルの根幹には、**シンプルな原則**があることがわかりました。シンプルだからこそ、当時30歳近くなっていた私でも、日々の生活に取り入れていくことができたのだと思います。

結果、会社員として仕事もキッチリこなしながら、プライベートの時間も大いに楽しむことができるようになりました。「**仕事とプライベートの両立**」という言葉がありますが、両立というより、むしろプライベートを充実させた方が、仕事のパフォーマンスが上がっていくことがわかりました。

　プライベートで開拓した私自身の趣味の例を挙げると、

・旅行（世界45ヶ国訪問）
・マラソン（100キロウルトラマラソン、フルマラソン37回完走）
・ビール（30ヶ国で1000種類以上のビールを飲む）
・ビアソムリエ資格取得（ドイツでは日本人として2人目）
・ワイン（ワインエキスパート資格取得）
・西洋占星術（星読み鑑定士）
・料理、読書

　などです。

　こうした趣味だけでなく、ビジネスフィールドでの学びを深める時間も増やしていくことができました。

　例えば、ＭＢＡ（経営学修士）も働きながら取得しましたし、近年は社会貢献活動にも目覚め、カンボジア、ルワンダ、モンゴル、インドなどを訪問し、社会的に恵まれない子どもたちの支援をさせていただいています。

このように会社員として働きながらも**「やりたいことは、全部やる！」**という人生を歩めています。そのきっかけとなった「ドイツ人のすごい働き方」を、ひとりでも多くの方々に知ってもらい、**限りある人生をより豊かに生きていただきたい！**

そんな想いで執筆したのが、本書です。

まず、序章では、ドイツの会社員が**どんな1日を送っているる**のか、日本人が取り入れられる習慣もまじえながら紹介します。

第1章では、抜群の労働生産性を生んでいる**「ドイツ社会の仕組み」**に迫ります。効率よく働いて成果を出している背景には、文化・歴史・民族的な要因があります。ドイツに住み、働いてみないとわからない社会のシステムについて、わかりやすく説明しています。

また、第2章では、具体的にドイツ人の日々の「**すごい働き方**」を詳細に説明します。ドイツ人がムダなく、無理なく結果を残すために実践している時間術、発想法、思考法、段取りなどを、事例を挙げて紹介します。

そして、第3章では、マネージャーの視点に立って、「**ドイツ式マネジメント**」を解説します。ドイツの職場では、メンバーが2～3週間連続で夏休みをとるのが普通です。それも現場の実務担当者だけではなく、全体に責任のあるマネージャーも、突然、職場から長期間いなくなるのです。それでも、滞りなく仕事が回っているのはなぜでしょうか？　そのための準備と職場の仕組みについて解説します。

最後の第4章では、これまで紹介してきた**ドイツ式と日本の「ハイブリッドワークスタイル**」を提案します。日本とドイツ、それぞれの企業で長く働いた経験がある私だからこそ、提唱できる働き方です。

ドイツ人の働き方が効率的だからといって、その手法をそのまま日本の職場に持ち込むのは無理があります。

なぜなら、社会の仕組みや職場環境、労働条件などが大きく異なるからです。ここでは、日本の職場の**良さを活かしつつ、ドイツの要素を無理なく取り入れる**、そんなアイデアを提案しています。

つまり、本書で提案するのは、ドイツを単に模倣するだけではなく、日本の職場環境や人間関係に合わせてアレンジした「働き方」です。

いわば、日本とドイツの「**いいとこ取り**」のハイブリッド型なのです。

私が30歳近くからでも取り入れられたように、本書の内容を実践してもらえれば、これからの変化が激しい時代にも対応できる、一生モノのスキルとなると確信しています。

仕事の効率を上げれば生産性は高まり、生産性が高まればサッと帰宅でき、自分の時間が激増します。さまざまなことに挑戦する意欲がわき、**無限の可能性**が開けていくのです。

あなたも私と一緒に、ワクワクする未来を歩みませんか？

西村　栄基

contents

ドイツ人のすごい働き方
日本の3倍休んで成果は1・5倍の秘密

第1章 抜群の生産性を生む ドイツ社会の仕組み

第2章 無理せず成果が出る「ドイツ式働き方」

第3章 メンバーの能力を引き出す「ドイツ式マネジメント」

第4章 ドイツ式×日本 ハイブリッドワークスタイルのススメ

序章
ドイツ企業の1日

ドイツの朝は6時に始まる

ドイツ人の働き方を解説するにあたって、まずは彼らが**実際にどのように1日を過ごしているる**のか、私が以前勤務していたドイツ企業を例にとって再現してみましょう。

朝6時。

人々はすでに1日の始まりに向けて動き出しています。

夜明けの空は、やわらかな光に包まれ、街は徐々に活気づき始めます。

トラム（路面電車）の中では、通勤客たちが静かに新聞を読んだり、音楽を聴いたりしています。車窓からは、目覚めつつある街の風景が見え、遠くではカフェが開店の準備を始めています。

何よりも大切なのは個人の時間

ドイツでは、このように朝早くから働き、夕方には帰宅する生活が一般的です。早起きの人は、7時前から出勤し、午後3時頃には1日の業務を終えていました。

会社の同僚ステファンに、この労働スタイルについて尋ねてみたことがあります。

「ステファン、どうしてドイツではこんなに早くから働いているの？」

「僕らは、仕事とプライベートのバランスを大切にしているんだ。早く働き始めて、効率よく仕事を済ませ、夕方は家族や趣味の時間に使うんだよ」

このように、ドイツでは**個人の時間を重視し、労働時間内で仕事を完結させる**文化が根付いています。

ほとんどの企業でフレックスタイム制を採用しているため、出勤時間は自由に決められます。週に38・5時間から40時間の労働時間で、基本的に**残業は一切しません**。朝の時間帯に集中して仕事をし、労働時間内に終わらせることにフォーカスしています。

朝8時前、デュッセルドルフ市内の駅に降り立つと、清々しい朝の空気が私を迎えてくれました。ビジネス街には活気があふれ、人々のせわしげな足音が、1日の始まりを告げています。

オフィスに到着すると、すでに多くの従業員が仕事にとりかかっています。

耳と鼻に飛び込んでくるのは、エスプレッソマシンが奏でる心地よい音と、コーヒーの香りです。

従業員たちは、20平米ほどの「カフェ」エリアに集まると、

「グーテンモルゲン！（Guten Morgen!）」

と元気に朝の挨拶を交わします。

心理的安全性の保たれた「カフェ」スペース

私のかつての勤務先では、この朝の15分間ほどのカフェタイムが、**エネルギーを高める**重要な役割を果たしていました。

この「カフェ」エリアには、ソフトドリンクやミネラルウォーターが入った冷蔵庫、エスプレッソマシーン、給湯器と小さな台所が備え付けられています。

ドイツの職場では、このようなスペースを設けるのが一般的で、当時私が働いていた職

場のキッチンにはテーブルや椅子がなかったため、立ち話が中心となっていました。

「ねえ、週末はどうだった？」

とコーヒーを手にした同僚が尋ねると、別の同僚が答えます。

「子どもと公園に行ってきたよ。天気が良くてね、とてもリフレッシュできたよ」

その後、**話題は仕事に移ります。**

「そういえば、新しいプロジェクトの進捗はどう？」

「うん、昨日はプログラムがうまく動かなくて半日デバッグしてたんだけど、帰る前には問題が解決したから、夜にかけてジョブを流しているんだよ。その結果をこれから確認するところさ」

このように、カジュアルな会話から仕事の話題へと自然に移行するのが、このカフェタイムの特徴です。

この空間は、完全にフリーでフラットです。つまり、いつ、誰が、このスペースに入るのかは自由ですし、ここでは、職場の上下関係は存在しません。いわゆる「心理的安全性」が保たれていたことから、会話の中から**自由な発想が生まれやすくなっていました。**

日本では、男性を中心に喫煙率が高かった頃は、「喫煙室」がこの「カフェ」コーナーの一部の役割を担っていました。マネジメントクラスの多くが喫煙していたため、「重要な人事は、喫煙室で決まる」と言われていた時代もありましたね。

しかし、現代の日本では、大企業を中心にフリーアドレス制のオフィスが普及し、立ち話のスペースも設けられるようになってきました。

喫煙者でなくとも、オフィス内で自由に会話できる環境が整っています。「箱」は整ってきているのですから、ドイツのような文化が習慣として定着してほしいものです。

POINT

●ドイツ人は朝6時には動き出し、「カフェ」スペースでエネルギーを高める。

最高の環境を整えて仕事を始める

「カフェ」タイムが終わると自席へ向かいます。

ドイツに赴任して、最初にオフィスに入ったときに驚かされたのは、**開放感あふれる広々とした自席スペース**です。２つのデスクが組み合わさっており、大きな空間が確保されています。

そしてフロアは仕切りで区切らず、隣席との間隔を2メートル以上空けることでプライバシーを確保していました。３メートル近い高さの天井と窓の外に見える美しい自然が相まって、**最高の環境**といえました。

また、オフィス内には観葉植物がふんだんに置かれ、ここにもドイツ人の職場の環境に対するこだわりが感じられました。

広いスペースで自由に思考する

同僚のステファンは言っていました。

「この環境があるからこそ、良いパフォーマンスを発揮できるんだよね」

「こんな広いスペースで働くなんて、最初は戸惑ったよ」

と私が返すと、ステファンは笑いながら答えました。

「日本出張で見た狭いスペースは、衝撃的だったなあ！　でも、ドイツではこれが標準だし、この空間があるからこそ集中できるし、効率が上がるんだよね。自分のスペースが広いと、**考える余裕**も生まれるからね」


「思考のスケールは作業スペースの広さに比例する」と多くのノート術の書籍が説いていますが、ドイツのオフィスほどそれを実感させられる場所はありませんでした。

創造性が刺激され、高い集中力が維持できるのが自分でもわかりました。


このドイツ流のワークスペースは、日本の職場にも応用できる要素がたくさんありま

す。空間に限りがあるとしても、個人スペースの確保や、観葉植物の配置は、働く人々の心理的な満足感を高め、ストレスを軽減します。

午前中は「ゴールデンタイム」

自席に着くと、朝の「カフェ」タイムとは打って変わって笑い声は止み、従業員たちは一斉に集中タイムに入ります。その場にいる全員がいわゆる「ゾーン」に入っており、静けさが広がります。

「午前中は、集中して各自の仕事をこなす時間だから、社内ミーティングは設定していないんだ」と、ドイツ人の同僚ジーモンが話してくれました。
「午後に設定されているミーティングでは、朝の集中タイムで得たアイデアや成果を基に、課題に対する議論をするんだ。これが、効率的な仕事の流れを生むんだよ」とも。

電話が鳴り、雑談やミーティングが断続的に行われているオフィスでは、集中力の維持は困難です。ドイツ人は、**脳のリソースの限界を認識**し、時間帯によって効果的に業務を分散しているのです。

私も、このドイツ流のワークスタイルを取り入れて、1日の使い方が一変しました。もともと、朝方ではあったので、朝5時には起床。瞑想、軽いランニングといったルーティンを終えてから、集中力が必要になるタスクに取り組みます。

この午前中の時間帯は、誰にも邪魔されない、貴重な**自分専用タイム**です。本業に取り組むときは、大事なプレゼンテーションのアイデア出しやストーリー作りなどに充てています。ここでのポイントは、プレゼンテーションの資料作成という「作業」に、この貴重な「ゴールデンタイム」を使わないことです。

プライベートでも、この午前中の時間を使って、本書の執筆に取り組みました。頭がクリアに冴え渡り、新しいアイデアがポンポン出てきました。
この時間帯は、最も創造性が高まる時間なので、新しいものを生み出すクリエイティブなタスクに使うべきだと、ドイツ人に教えてもらいました。

POINT

●誰にも邪魔されない午前中は「作業」ではなく創造性の高い仕事をする。

ランチの後は散歩で脳をリフレッシュ

午前中の仕事が終わり、ランチを済ませます。

デュッセルドルフの市内、私が勤めていたオフィスの裏手には、広大な森が広がっていました。ランチタイムが終わると、同僚たちはデスクから立ち上がり、森へと足を運びます。春は新緑の葉が光を浴びてキラキラと輝き、小鳥のさえずりが耳に心地よく響きます。また、秋には黄葉が森を、印象派の画家のキャンバスのように彩ります。

そこでの森林浴は、私たちにとって日々の憩いの時間でした。

中だるみを防ぎ午後へのブーストに

「このランチの後の散歩が、**午後の仕事の効率を上げてくれるんだ**」

ある日、上司のクラウスがそう教えてくれました。

「本当に？　どうして？」

と私が尋ねると、彼は笑顔で答えました。

「散歩は脳をリフレッシュさせるんだ。自然の中で過ごす時間が脳の働きを活性化させるって、科学的にも証明されているからね」

森の中を歩きながら、私たちは仕事やプライベートの話で盛り上がります。風が木々を揺らす音と鳥のさえずりが、確かに心と体をリフレッシュさせてくれました。

今思えば、この散歩が、**午後の中だるみや眠気を吹き飛ばし、仕事の効率を高める**秘訣だったのです。

ドイツでは、オフィスの空気の質にも細心の注意が払われています。私の職場では、窓を開けて定期的に空気を入れ替えることが習慣となっていました。

同僚たちは、よく言っていたものです。

「空気が澱むと、脳へ酸素が行き渡らなくって、ぼーっとするんだよね」

空気の質は仕事の質に直結する

この習慣は、自然と触れ合い、共に生きるドイツの文化からきています。

彼らは**自然を大切にし、日常生活に積極的に取り入れています**。オフィスにも新鮮な空気を通して、少しでも自然を感じることができるようにしているのです。

以前日本で、窓が一切ないオフィスで働いていたことがありました。もともと工場だったところをオフィスに無理やり変更したので、そういう作りになっていたのです。

その職場でも、私を含む日本人たちは、淡々と仕事をしていました。

今考えると、あの環境こそが、非効率を生んでいたのだと思います。会社側にとっては、一時的にオフィスの改築費用を節約できたのかもしれませんが、長い目で見ると生産性という点で、大きな損失を被っていた、と思えます。

ドイツでは「労働法」で定められているため、そもそもそのような劣悪な環境のオフィスは存在しません。もし仮にあったとしても、退職者が続出するはずです。そんな檻の中のような空間で仕事をしたい人はいないからです。

どんなオフィスでも、この**お散歩タイム**と**空気入れ替え**は実践できると思います。

都会のビル群の中にも、小さな公園や緑地は存在しますよね？

ランチ後の短い時間を使って、少し歩くだけで、心も体も活性化されるはずです。

POINT

- 食後は軽い散歩で午後の仕事の効率を上げる。
- 空気の澱みに気を配り、頻繁に空気を入れ替える。

会議中の時間も決してムダにしない

たいていは午後に設定される社内の会議でも、私は衝撃を受けました。日本の職場では、会議はまるで迷路のようでした。もちろん、私が働いていた企業固有の問題でもあるでしょうが、多くの人が**とりあえず出席し、目的が不明確で長時間にわたっていました。**

しばしば結論が出ないまま終わり、同じ議題で何度も会議が行われていた記憶があります。トップへの進捗報告だけの会議も多く、情報伝達、議論、アイデア出しなど、目的がごちゃ混ぜになっていました。

発言する人だけが参加する

一方、ドイツの職場における会議は、まるで劇場の一幕を見ているようです。そこでは、会議の目的がはっきりとしていて、参加する人にもムダがありません。

大切な決定は上から下へ自動的に伝わっていくため、**会議には本当に必要な人だけ**が集まり、すっきりと進行します。

よりミクロなミーティングに関しても、普段は各々自分のデスクで集中して仕事をしていて、メンバー間の連携や話し合いが必要なときだけ、短時間集まります。情報を伝えるだけの集まりはなく、その程度はメールやグループウェアを使ってサッと済ませます。

ドイツの職場で働き始めた頃、上司のクラウスとこんな会話がありました。

私「クラウス、ドイツの会議の進め方は本当に効率的で、日本とはまったく異なりますね」
ク「そうかい？　日本の会議とどのように違うの？」
私「日本では、会議はもっと長くて、多くの人が参加します。結論が出ないこともよくあるんですよ」
ク「そうなんだ。こちらでは、会議は短くて目的が明確で、余計な時間を割かないようにしているんだよ」
私「ドイツでは『会議で発言しない人は次回から出席しなくてもいい』と判断されると聞

きましたが、本当ですか？」

ク「実際、そうだよ！　ここでは発言することが重要なんだよ。意見を持っていないか、何も貢献しない人は会議に必要ないとみなされるんだ」

私「『とりあえず出席しておく』ということが一般的な日本とは何もかもが違いますね」

会議中に議事録が仕上がる

会議といえば、議事録の作成がついて回りますが、ここにも日本とは異なる「ドイツ流」がありました。

ある日の会議中、同僚が議事録をつけていたのですが、**その速さが尋常ではなかった**のです。彼は手元のキーボードで軽快な音を立てつつ、会議の流れにも集中し、時折参加者の表情にも目を走らせています。

会議が終わった後、私は思わず尋ねました。

「どうやったら、そんなに速く議事録を書けるの？」

彼は笑って答えました。

「準備がすべてだよ！　**会議前に、あらかじめ議事録のテンプレートを作ってしまう**んだ。日時、参加者、アジェンダ……。それに議論の内容もだいたい予想できるだろ？」

そのテンプレートに沿って、彼はリアルタイムで、効率的に議論を記録していたのです。特に重要なのは、**アクションアイテム**（会議で決定されたやるべきこと）です。会議の最後に、参加者全員で確認し、合意を得ます。

「私がメモした本日のアクションアイテムは、このExcelでまとめてあります。抜け漏れはないでしょうか？」

そして、彼は続けます。

「ないようでしたら、それぞれのアイテムの担当者と期限を決めていきましょう」

会議が終わると彼は一息つきながら、その日のうちに議事録の「速報版」を発行します。

「『速報版』は速さが重要だけど『正式議事録』は正確さが大切。それを心がけているよ」

まとめると、次のとおりです。

・あらかじめ議事録のテンプレートを作成（日時、参加者、アジェンダ、議論の内容）
・会議中、合間に議事録を作成する
・アクションアイテムは会議の最後に参加者の合意を得る
・会議後、全体をチェックし、その日のうちに「速報版」を発行
・「正式議事録」が必要なら作成

企業にもよりますが、日本の会議では、議事録を会議後にまとめることが一般的です。

時間が経過することで内容があいまいになったり、重要なポイントが抜け落ちたりすることがあります。事前準備で議事録作成を効率的に進められるドイツ流の方法は、速さと正確さを同時に得られるので一石二鳥です。

また、その会議が最低限の情報を関係者に迅速に共有すべきものなら**速報版**を、より正確を期す必要がある重要なものなら**正式議事録**も作成するというように、会議に合わせてスタイルを使い分けるのも、作成にかかるムダな労力と時間の削減につながります。

POINT

●事前にテンプレートを用意しておけば会議中に議事録が作成でき効率的。
●会議に求められている情報によって「速報版」と「正式議事録」を使い分ける。

ドイツ人が片付けに命をかける理由

帰宅時間の17時が近づくと、同僚たちは一斉に自分のデスクへと向かい、ドイツのオフィスは生き生きとした雰囲気になります。

文房具を片付ける音、書類を整理する音、シュレッダーがフル稼働する音がしたかと思うと、17時には全員がいなくなり、静寂が訪れます。

特に目を引くのは、すべてのデスクが、驚くほど整然として、**ほぼ何も置かれていない新品のような状態**になっていることです。

「人生の半分は整理整頓」

この片付けへの異常とも思えるこだわりは、ドイツ人の生き方の基本原則といえます。

「人生の半分は整理整頓（Ordnung ist das halbe Leben.）」

ということわざがあるほどです。

書類を整理するファイルは、分類別にラベルが貼られて整然と並べられていますし、各自の机の上は、作業中でも必要最低限のモノしか置いていません。そして、帰宅時にはすべてが所定の場所に戻されて、何もなくなるのです。

それは、オフィス空間だけでなく、自宅でも同じです。

休日にドイツ人の友人宅を訪れると、**どの部屋も完璧に整頓されている**のがよくわかります。というのも、はじめて訪れるゲストには、ほぼ例外なく家中の部屋を巡るツアーをしてくれるからです。

玄関、リビング、キッチンはもちろん、書斎や寝室、子ども部屋、地下の作業場など、ありとあらゆる場所です。

はじめて訪れたお宅で、夫婦の寝室まで見せられたときには戸惑ったものです。これにはゲストに隠し事をせず受け入れていることを示す、という文化的な意味もあります。

ある日、同僚のマーチンに、ドイツで**なぜ片付けがこれほど重要視される**のか、尋ねてみました。

「私たちドイツ人にとって、**整理整頓は生活の基本**なんだよね。小さい頃から、親にそのようにしつけられてきて育っているんだよ」

そして、彼はこう付け加えました。

「机の上は頭の中を表しているんだ。仕事を終えて、帰るときに机を片付けることで、頭の中もリセットしているのさ」

リバウンドを起こさないシンプルな原則

彼らの片付けの原則はとてもシンプルです。

「**モノを置く場所を決めて、使ったら、元の場所に戻す**」

たったこれだけです。つまり、「モノの住所を決めてあげる」のです。

しかし、これを徹底するのは、言うほど簡単ではありません。

基本的に、モノは増えていくものです。

Amazonで衝動的にポチッて届いた段ボール、街で見つけて気に入ってしまった雑貨類、季節ごとに購入する衣類、大切な手紙、友人からもらった海外のお土産……。

こうして増えたモノを、ドイツ人は直ちに整理します。必要なモノと、不必要なモノに分けて、後者はすぐに捨てる。また、必要なモノは置く場所を決める。

そして、同じようなモノを買った場合には、古いモノは捨てる。

こうした**基本的なことを徹底する**のが、ドイツ流の片付けなのです。


なぜ、ドイツ人には、このような片付け習慣が身についているのでしょうか？

それはマーチンが言うように、幼い頃からの**家庭内教育**に由来します。ドイツでは、家庭内においても整理整頓のためのルールが厳密に定められています。

「窓拭きは週に1回、決まった時間をかけて行う」

といった具体的な家事のルールが家族全員に共有されており、属人的要素が排され、日々安定して清潔が保たれているのです。そして、このルールは子どもたちも例外ではありません。家庭内ルール下の一員として、整理整頓の重要性を教えられます。

「整理整頓を覚えなさい。そして好きになりなさい。そうすれば時間と手間を節約してくれるでしょう（Lerne Ordnung, liebe sie. Sie erspart dir Zeit und Müh.）」

こんなことわざもあるくらいです。

といっても、一方的に片付けを強制することはありません。

「なぜ家には片付けのルールがあるのか?」「なぜ整理整頓は大切なのか?」について徹底的に子どもたちと議論します。子どもたちが納得したうえで片付けを身につけるので、**一生の習慣**となり、職場でも実践するようになるのです。

「5S」をどこでも実践しているのがドイツ人

日本でもドイツばりに片付け習慣が徹底されている場所はあります。ものづくりの現場では、有名な**5Sの原則**に基づいて、整理整頓がなされていますね。

・整理(Seiri):不要なモノを取り除き、必要なモノのみを保持する
・整頓(Seiton):モノを適切な場所に配置し、簡単に取り出せるようにする
・清掃(Seiso):職場を清潔に保ち、汚れや異物を取り除く
・清潔(Seiketsu):常に整理、整頓、清掃を行い、職場を清潔な状態に保つ
・しつけ(Shitsuke):規律を守り、これらの習慣を維持する

私から見ると、これをあらゆる場所で毎日実践し続けているのがドイツ人です。

言うまでもなく、仕事場の整理整頓は、**探しものをするムダな時間を削減**します。ライターのZippo社が2014年に実施した調査では、日本人は平均して1ヶ月に76分間、モノを探しているそうです。それは人生80年とすれば、52日間も探しものに費やしていることになり、ばかになりません。

また、整理整頓された環境が**集中力を高め、ストレスを減らす**ことも、さまざまな研究から明らかになっています。

限られた業務時間内で探しものをするムダを排し、整理された環境でストレスフリーに働く。生産性の高さの秘訣のひとつに、整理整頓の習慣があることは間違いありません。

POINT

● モノの住所を決めてあげて、それを守るだけで職場での集中力は飛躍的に高まる。

サービスには「本質」を求める

ドイツ人には「質実剛健」なイメージのとおり、「時間厳守（Pünktlichkeit）」の習慣があります。これまで触れてきた毎日の退社時間だけでなく、企業でも会議時間や納期の厳守は徹底されています。

このように、日本人にとっては世界でも数少ない「時間厳守」仲間である印象が強いドイツ人ですが、**日本人とはズレているところも**あるのです。

閉店時間は「退店時間」

例えば、18時に閉店するパン屋があったとします。

日本人の感覚では、18時ギリギリ、もしくは18時10分くらいまでは、「せっかく来てくれたのだから」と、パンを売ってくれる気がしますよね。

お店にとっても、余ったら廃棄するしかないパンを、閉店間際に買ってくれるお客様はありがたい存在のはずです。

しかし、それはドイツの常識ではありません。

18時ぴったりに閉店するため、だいたい20分前の17時40分あたりから、お店の片付けと清掃が始まります。清掃に忙しいので、閉店10分前ぐらいにお店に入ると、あからさまに嫌な顔をされます。

それでも、なんとかパンは売ってもらえるのですが、閉店5分前にもなると、レジを閉めてしまった、と言われることもあります。

そして、18時ぴったりには、「閉店（Geschlossen）」のサインが表示されて、パン屋は**完全に閉店して、誰もいなくなってしまいます。**

つまり、閉店時間とは、店員がほぼ帰宅する時間なのです。しかし、ドイツ人は「**18時までパンを売る**」という本質的なサービスが遂行されている限り、怒ったりしません。

改札がないドイツの交通機関

日本人にとって電車は時刻表どおりに来るものですが、ドイツの鉄道にはその常識は通用しません。すさまじい不正確さで、予定どおりに到着したら奇跡というぐらいです。

同じくドイツを訪れた日本人が驚くのが、**駅に改札がない**ことです。乗客は皆、誰のチェックを受けることもなく次々に車両に乗り込んでいきます。これはバスやトラム（路面電車）も同様です。これでは無賃乗車し放題ですが、**抜き打ちで係員がチェックに入る**ことで、それを解決しています。チケットがないことが発覚すれば、鉄道によっては60ユーロ（約1万円）もの罰金を支払うことになります。

実に合理的で、全国の駅に自動改札を設置して維持するコストが省けますし、通勤ラッシュ時に渋滞が起きるようなこともありません。

しかし、日本では当たり前に配置されている、自動券売機の切符の買い方がわからなかったときなどに教えてくれる駅員も基本的にいないため、**サービス面は褒められたもの**

ではありません。無賃乗車も2023年のベルリンで発覚しただけで27万人もいたそうです。

それでもドイツ人がこの方法を選んでいるのは、「人を運ぶ」という鉄道の**本質的で最低限のサービス**が満たされていることで、安価に交通機関を利用できるからでしょう。過去には9ユーロ＝約1450円で交通機関乗り放題という施策が打たれたことがあるほどです。

効率的で、本質を重視するドイツ人の気質がこんなところにも見て取れます。

POINT

- お客様は「神様」ではない。
- お互いにサービスの「本質」を求め合うことで社会に無理が広まらない。

第1章

抜群の生産性を生むドイツ社会の仕組み

なぜ3週連続で休みがとれるのか？

ここからは、ドイツ人の働き方を支える**「社会の仕組み」**を解説したいと思います。「はじめに」でも触れたように、ドイツの企業では、一般的に年間30日の有給休暇が与えられます。さらに完全週休2日制で、祝日を加えると年間で110日ほどの休日がありますから、合わせると約140日も休んでいることになります。

ということは、1年365日のうち、**実に4割近くがお休みなのです。**

夏休みは3週間連続で休暇を取得するのが普通で、長い人では、1ヶ月丸々休む人もいます。それでいて残業は基本的にゼロです。

にもかかわらず、ドイツは高い生産性を維持しているわけです。

これはあくせく働く日本人にとって、不思議でしょうがない現象です。

ドイツに赴任した私にとっても大きな疑問で、それを解消するために彼らの働き方の秘訣を研究してみることにしたのです。それが本書の基礎になっているわけですが、まず着目したのは、ドイツの休暇制度でした。

休暇制度定着への道のり

ドイツの長期休暇制度は1963年に導入された「**連邦休暇法**」に基づいています。週6日フルタイムで働く労働者は最低24日間、週5日の場合は年間20日の有給休暇が与えられる、としていますが、ここ30年以上、ドイツ人の平均有休取得日数が30日を下回ったことはありません。

一方の日本はといえば、労働者ひとりあたりに与えられた有給休暇の平均は18日くらいですが、実際に労働者が取得した日数は10日あまりです。忙しくしていたり、職場の周囲の目を気にしたりして、**休みを使い切れない**様子がうかがえます。

ドイツでは、有給休暇の取得は労働者の当然の権利とされていて、「**とらなければならないもの**」と位置付けられています。この違いは、ドイツ人の「個人」という概念に対する思い入れの強さに由来するものでしょう。

19世紀に急激に進んだドイツの産業化と都市化で、都市周辺から労働力として集まった人々は、「労働者」という新たな階層を形成しました。彼らは、土地や血縁といったしがらみから逃れることになり、近代的な「個人」として自立していったとされます。

哲学の分野でも「個人主義」を発展させたドイツですから、そうした気質も相まって、**「自分の人生は自分で構築する」**という自己決定を重んじる考えが強くなりました。

長期休暇の権利を示した法律は、こうしたドイツ人の自己決定権を保障するものでもあるのです。

旅行会社がライフスタイルを変えた

とはいえ、長期休暇が与えられたとしても、使い道がなければ文化として定着しません。そこで一役買ったのが、旅行会社です。

１９６０年代、旅行会社ネッカーマンは「**ネッカーマンは**（**バカンスを**）**可能にする**」というキャッチコピーで格安のバカンスを提供しました。

これがきっかけとなって、ドイツでは「長期休暇には家族でそろって旅行に行くもの」というライフスタイルが定着したとされています。

私が出張でドイツに通い始めた１９９０年代の後半はまだ、市内の表通りのあちこちに、旅行会社の窓口オフィスを見かけたものです。現代では、ドイツでもインターネットによる旅行手配が広まって、ほとんど見なくなりました。

つまり、**自己決定**を重視するドイツ人のために長期休暇がとれる法整備がなされ、その休暇をとることが**当然の権利**として労働者に広まり、生まれた時間を活用するための手段として「旅行」が定着したというわけです。

そのうち近場の旅行に飽き足りなくなった人たちは、長期の海外旅行に出かけ、長期間職場を空けることになります。企業としては、職場の全員がこの権利を行使することを想定しなければなりません。

権利を保障しつつ、オペレーションを止めずに回し続けるために生まれたのが、**バックアップシステム**（184ページ）をはじめとする工夫です。こうした取り組みが国全体に浸透したことも、労働生産性の向上に寄与しています。

POINT

● 長期休暇はドイツ労働者の権利の象徴。取得することを前提に社会が回っている。

新年が明けたら、まず休みをとる

それでは、ドイツ人はたくさんの休みをどのように過ごしているのでしょうか？

まずは「いつ休むか」です。

ドイツには、新年が明けたらまず「**今年はいつ休むか**」の休暇計画を立てる習慣があります。まずは約30日間、仕事を入れない日をつくってしまうのです。職場においてはそれぞれの計画をすり合わせ、長期休暇中のバックアップを用意できる体制を整えます。

多くの日本人は、仕事の進捗具合を見て「**ここなら休みを入れられるかも……**」と、なんとか休日をひねり出すのではないでしょうか。

1年のスタートから大きな違いがあるのです。

早々に休暇計画を立ててしまうことは、休みが確保されること以上にさまざまなメリッツトがあると感じます。未来の予定が具体化されていることで、先々に明るいビジョンを描け、それが実現することへの**期待をふくらませた状態で日常を送る**ことができるのです。

例えば、夏に家族と行くつもりのアルプスの山小屋のことを想像して、彼らはその清々しい朝の空気や、山々の雄大な景色、心地よい足の感触を思い浮かべることができます。これは日々の仕事のストレスや疲れを軽減し、モチベーションを維持するためのエネルギー源となります。

休暇と一緒に目標も決める

また、休暇の計画と一緒に、**個人的な目標**も設定することが多いです。具体的には仕事、休暇も含めた家族との時間、趣味、健康や自己投資など、人生全般にわたります。

あるドイツ人の男性が、新年に人生全般の予定を立てているとしましょう。彼は自宅の静かな部屋で、真新しいカレンダーを前にして座っています。

窓の外は冷たい空気が流れていますが、部屋の中は暖かく、コーヒーの香りが漂っています。目の前のカレンダーには、さきほど**真っ先に決めた休暇の予定**が色鮮やかなマーカーで記入されています。

これで一息つくと、彼は**さらに広い視野**で、1年間を俯瞰し始めます。

長期休暇の予定が決まったら、その過ごし方と、それ以外のカレンダーの空白をどう埋めていくか検討するのが、次のステップです。

・仕事ではどんなプロジェクトに挑むのか
・旅行ではどんな新しい経験をするのか
・家族とはどんな貴重な時間を共有するのか
・自己投資ではどの分野を学ぶのか

これらの目標を、ひとつひとつカレンダーに書き込んでいきます。

1年を生きる「意味」ができる

彼は、**仕事のセクション**に重要なプロジェクトの締め切りを書き込み、それに向けた小さな目標群も設定していきます。

旅行のセクションでは、行きたい場所や体験したいことをリストアップし、それに必要な準備を思い浮かべます。

家族との時間では、大切な人たちとのコミュニケーションを深めるための、特別な日々を計画します。

自己投資においては、新しいスキルを学ぶためのステップを考えます。

このプロセスは、彼の1年間という貴重な時間をバランスよく配置する、まるで絵画を描くような作業です。

さまざまな色が混じり合いながら、最終的には美しい全体像を形成していきます。

このように、ドイツ人は年始に休暇と目標を設定し、日々振り返ることで**自分が目標に向かって進んでいる**ことを実感し、日々の生活に意味を見出し続けているのです。

POINT

- 休暇はひねり出すものではなく、年始に「決めてしまう」もの。
- 休暇と一緒に1年の目標も定めると、日々の生活に意味が生まれる。

長期休暇では空っぽになって超回復

ドイツ人の同僚たちは長期休暇から戻ると「別人!?」と思うほど、**清々しく、明るい姿**で職場に戻ってきます。彼らは年間30日も休みをとって、何をしているのでしょうか？

家族との時間を大切にしていることは言うまでもありませんが、私が驚いたのは長期休暇で彼らが「空っぽ」になることに注力していたことです。

選択肢を放棄するという選択

ドイツ人に人気のリゾート地として、スペイン領のマヨルカ島、カナリア諸島、コスタ・デル・ソルなどがあります。

ここでは「オールインクルーシブ（すべてを含む）」というスタイルのホテルが人気です。食事はビュッフェスタイルで3食提供され、飲み物が用意されていることもあります。

つまり、これによって、毎日の旅先でのレストラン選びから解放されるのです。

こうした「**何も考えなくていい**」スタイルのホテルに、2週間は滞在するのです。

そしてやることはといえば、ビーチやプールサイドの眺めのいい場所にビーチベッドを置いて、ひたすら寝そべっているのです。

聞いてみると、このようにしていると1週目は仕事のことが頭をよぎるそうですが、2週目になると完全に頭から消えて**空っぽな状態**になれるということです。

そして心と体を仕事のストレスや責任から完全に解放してエネルギーを充填し、新しい発想・アイデアがわきやすい状態で復帰してくるのです。

「空っぽ休暇」はドイツ流マインドフルネス？

思えばドイツ語でバケーションは「ウーアラオプ（Urlaub）」ですが、英語でいうと「バケーション（Vacation）」、その語源はラテン語の「ヴァカーレ（Vacare）」、すなわち「空っぽの」に由来します。

世界中で取り入れられつつある、仏教の流れをくむ心の訓練「マインドフルネス」では瞑想や呼吸法を通じて**無の境地「空」**に至ろうとします。

ドイツ人が何も考えなくてもいい場所で、何もせずに何週間も過ごすのは、**彼らなりのマインドフルネスの実践**なのかもしれません。

以前、私もドイツ流の休暇スタイルに憧れて、2週間の休暇を南の島で過ごしてみたことがあります。

最初はウキウキしながらビーチで寝そべっていたのですが、どうも落ち着きません。

半日もすると飽きてしまい、何かやりたくなってしまいます。結局、アクティビティに参加したり、外のレストランに食事に行ったり、と動き回ってしまいました。

どうやら、この過ごし方は好みが分かれるようです……。

こんな調子ですから、ドイツ人は長期休暇中は仕事に関する連絡を断つことが一般的です。企業の方も、**休暇中の従業員への連絡を控える**方針であることが多いです。プライベートと仕事の明確な分離も、ドイツの労働文化の中核をなす要素です。

POINT

- 2~3週間の「空っぽ休暇」ではあらゆる選択肢を排除することが多い。
- 仕事のメールを確認するなどもってのほか。会社も連絡は控える。

できることなら「仕事はしたくない」

日本では一般的に、ドイツ人に「勤勉」というイメージがあるので、右の言葉を意外に思われた方も多いかもしれません。

長きにわたり彼らと仕事をしてきた私から見て、「**決められた時間内に、決められた仕事をきっちりとこなす**」という意味での「勤勉さ」があるのは確かです。

しかし、それはルールを守っているだけであり「自分を犠牲にしてでも、与えられた仕事はまっとうする」という日本人的な「勤勉さ」を持った人はほとんどいません。

日本とまったく違う労働観

第二次世界大戦で共に敗戦国となり、同じく製造業の発展で経済復興を果たして主要国の仲間入りをしたドイツを、我が国では「**ヨーロッパにおける日本**」とみなしてシンパシーを感じる人が多かったように思います。

しかし、労働条件や労働観といった、いわば「経済成長の中身」を見ると、まったく異なると言わざるを得ません。日本では未だに長時間労働やサービス残業が横行していますが、ドイツでは労働時間の厳守が徹底されています。

また、ドイツ人の多くには、これまで見てきたように、定時に仕事を終えて家庭やプライベートな時間を大切にする習慣があります。これは労働自体が嫌いというよりは、**仕事と私生活のバランス**を大切にしているためです。

キリスト教的価値観と労働

この違いはどこからくるのでしょうか？

ひとつには、**労働は罰**というキリスト教的な価値観に理由が求められます。

特にカトリック教会においては、労働は「人間が負う原罪の罰として与えられている苦役」と捉えられています。これは「創世記」における「アダムとイヴの堕落」で、2人がエデンの園で神の命令に反し「知恵の木の実」を食べたことに由来します。この行為によって人類は神の永遠の命から遠ざけられることになり、労苦をともなう地上での生活を余儀なくされたとされています。

したがって、労働は人間の原罪の結果であり、**罪の赦しと救済を求める過程**とみなされることがあります。

同じキリスト教でもカトリック教会とプロテスタントで価値観は異なりますが（ドイツではちょうど半々くらいです）、この観念は、キリスト教信仰を背景に持つ国々での労働観に影響を与えていると考えられています。

鉄血宰相・ビスマルクの遺産

しかし、ドイツにおける労働観の成り立ちは、何より**歴史的な経緯**が大きいでしょう。

それを説明するには、19世紀の「産業革命」にまでさかのぼらなければなりません。

石炭によるエネルギー革命によってドイツは急速な工業化を遂げ、**多くの労働者は工場で働く**ようになりました。この時期、労働者の権利はほとんど保護されておらず、長時間労働が常態化していました。

そんな状況が変わったのは、19世紀後半から20世紀前半にかけてです。

労働者の過酷な環境に対して、**労働運動が力を得始めた**のです。

労働者と資本家の対立を避けたかった当時の権力者「鉄血宰相」ことオットー・フォン・ビスマルクは「**ビスマルク三部作**」と呼ばれる「医療保険法」「労災保険法」「年金保険法」を制定します。ドイツは結果的に世界に先駆けて、**最も社会保障制度が充実し、労働者に優しい国**になったのです。

次の変化は、第二次世界大戦後です。

冷戦下、ドイツが西ドイツと東ドイツに分かれるなか、西ドイツの経済学者たちが提唱した「**社会的市場経済**」が政策として実現されます。これは社会主義経済を否定すると同時に、一部の富の独占による労働者の貧困も防ぐべく、競争と社会的秩序を両立させるシステムでした。

この社会的市場経済のもと、急激な経済復興と成長を成し遂げたドイツでは、労働者の生活の質を重視し、仕事と余暇のバランスを大切にする労働観が定着したのでした。

現代では、労働者の安全と福祉がさらに保護されるようになり、労働時間の短縮や休暇制度の充実などが進んでいきました。

毎日の退勤がお祝い

ドイツ人の仕事に対する考え方は、挨拶にも表れています。

ドイツの職場では、仕事終わりに「ファイヤーアーベント！（Feierabend!）」という挨拶をして帰宅するのが一般的です。

日本の職場での「お疲れ様です。お先に失礼します！」にあたります。

この挨拶、「Feier（祝い）」と「Abend（夕方）」という言葉が組み合わされており、「パーティーの夕方」と直訳できます。中世までは「祝祭の前夜」を指していて、やがて退社を表す言葉として定着しました。

毎日の仕事終わりの挨拶に「**お祝い**」**というニュアンス**が入っていることからも、仕事と私生活の健全なバランスを保つドイツ人の労働観がうかがえます。

POINT

- ドイツ人はキリスト教的価値観から労働＝罰という意識がどこかにある。
- 労働者と資本家の対立が高まったタイミングで社会保障制度が急激に充実した。

入社して即・戦力になれる仕組み

私がドイツ人の働きぶりで刺激を受けたことのひとつに「即戦力」としてのあり方があります。

日本では、大学を卒業してすぐ新卒として企業に入社することが一般的ですが、ドイツでは正社員として働き始める年齢は、実は平均30歳前後です。

たいていは**大学を卒業しただけでは仕事に就くことはできず**、専門学校に通ったり、企業のトレーニングプログラムの訓練生になったり、大学院で学んだりします。

ドイツにおいては、

「会社に入って給料をもらうということは、会社に貢献する価値を生み出すこと」

という考え方が一般的なので、「Day1」から即戦力として貢献することを求められるのです。そのため各々は専門性を身につけ、その道の「プロフェッショナル（専門家）」として働けるようになってから入社してきます。

日本・ドイツ就職までの道のりの違い

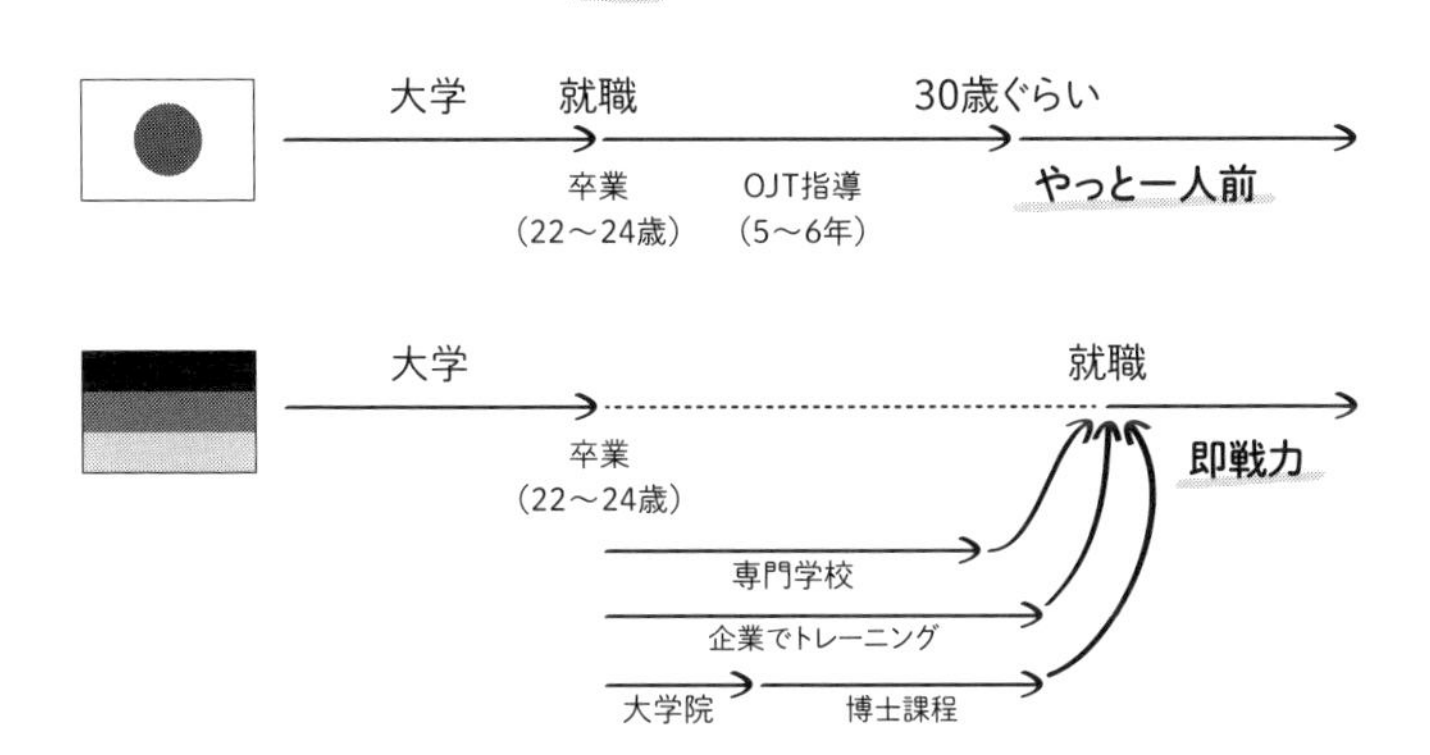

「あなたは何の専門家ですか？」

一方、日本では、右も左もわからない若い新卒を雇い入れて、「ＯＪＴ（On the Job Training）」、つまり職場での実務を通じた教育や訓練で育てるのが一般的です。

しかし、このやり方は、「終身雇用」「年功序列」といった日本社会独特の人事制度とは相性が良いものの、中途半端な「ジェネラリスト（万能家）」を生み出す傾向にあります。

かく言う私もそうでした。

30代でドイツで働き始めた頃、初対面の同僚や顧客・取引先から真っ先に聞かれるのは、

「**あなたは、何の専門家ですか？（何ができる人ですか？）**」

ということでした。

つまり、何のプロフェッショナルか、が問われているのです。

ここで、

「はい、私は○○という会社の□□という部署に所属しています」

という回答は、質問の意図を履き違えている答えです。相手が聞きたいのは、所属している会社や部署ではなく、あなたが**個**として何ができるのかが問われているのです。

さきほど挙げた「終身雇用」「年功序列」といった日本独特の人事制度が形骸化しつつある今、日本でも新卒一括採用に代表される「**メンバーシップ型雇用**」から、ドイツのような「**ジョブ型雇用**」への移行が叫ばれています。

専門分野は、必ずしもひとつの分野に固執する必要はありませんが、少なくとも「自分はこのスキルで会社、顧客、そして、社会に貢献している」と即座に言えるようにしておきたいものです。

私の場合は、ひとつの分野を深める、というより、**複数の要素を掛け合わせる**ことによって、自分の価値を高めていきました。

大学での「材料分野」、就職してからの「産業分野の半導体の設計・製品開発・技術マーケティング」という専門性を軸として、その技術営業や、海外展開にともなう日独横断プロジェクトのマネジメントなどを手がけることで、**掛け算としての専門性**を得たのです。それも30歳を超えてドイツ流のワークスタイルを知って、意識した結果でした。裏を返せば、いつからでも、誰でもできることだと感じます。

専門性は高めなければ腐る

専門性は、一度手に入れれば一生食べていける、といったものではありません。磨き続けなければすぐに腐ってしまいます。

「プロフェッショナルの世界で生きるって、本当に厳しいんだよ」と、私のドイツ人の同僚トーマスは言っていました。

彼は、深いため息をつきながら、自分の仕事について語り始めました。

「専門を決めることは、ある意味で怖いことだ。時間をかけて、その分野に自分が向いていないと気づくこともあるからね。それに、その専門性が陳腐化してしまう危険性もある」

特に、エンジニアの世界では、技術の進歩は待ってくれません。

「私が見てきたドイツ人の同僚たちも、時代に取り残され、職場を去るように勧告されてきたよ」

と彼は続けました。

「ドイツでは法律上、職務規定に反しない限り強制解雇はできないけど、自分の専門性や経験が今の環境に合わないと感じた多くの人は、やがて転職を選ぶんだ」

トーマスの話は示唆に富んでいました。

今でこそ、世界的に注目されているのは**AI技術者**ですが、人工知能の進歩は日進月歩で、新技術が次々に生まれています。この分野自体がどうなるかも、予測できません。

私が新卒で就職した1990年代でいえば、日本では優秀な理系学生の多くが**半導体業界**を目指していました。当時、半導体は技術革新の最前線であり、世界をリードする日本の産業として注目されていました。しかし、その後の市場の変化と技術革新によって、分野というよりは日本の栄光が色褪せていきました。

さらにさかのぼると、1960年代は**原子力エネルギー**が「夢のエネルギー」として語られた時代でした。当時、多くのトップエンジニアが原子力分野に入っていきましたが、事故や核処理廃棄物の問題によって、世界の見方は大きく変わりました。

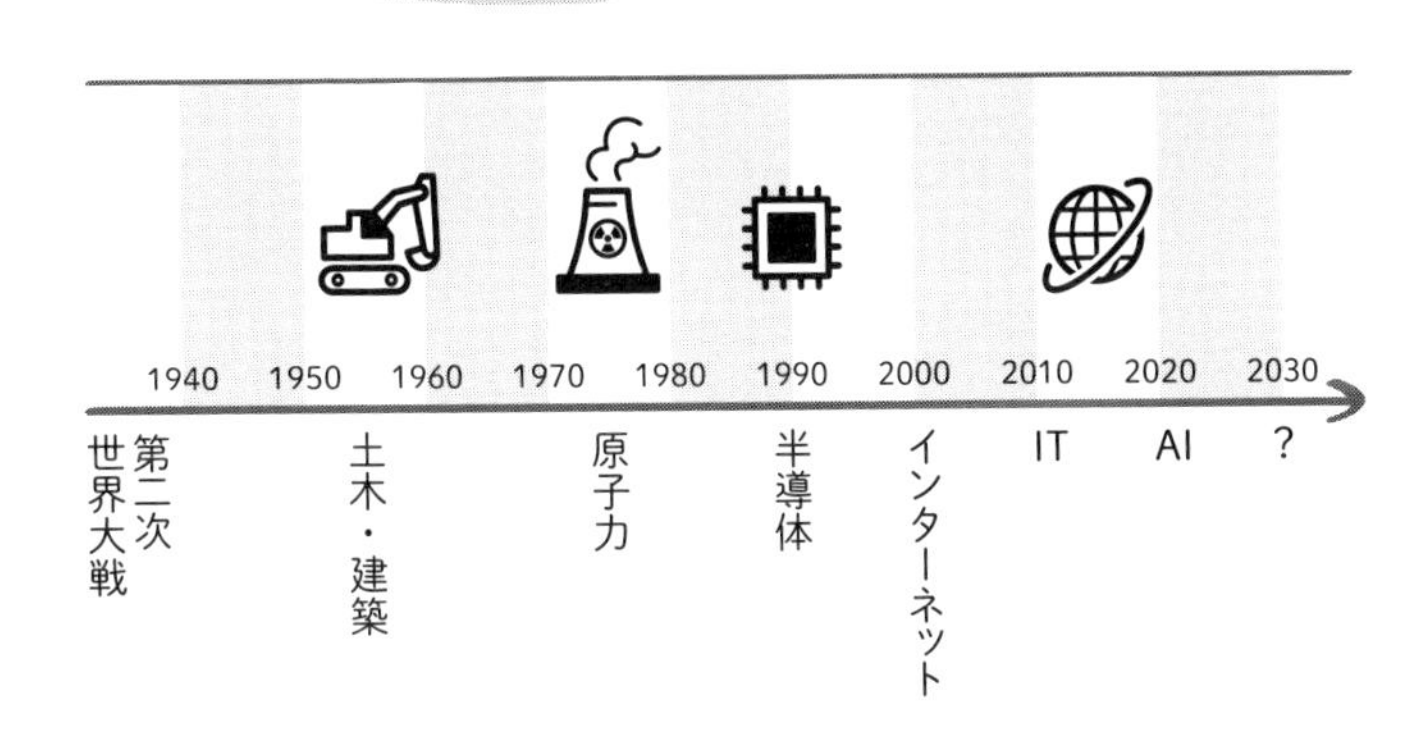

そして、第二次世界大戦後の日本の高度成長期には、**土木や建築分野**が盛んでした。

全国各地でインフラ事業が興り、多くの優秀な理系の才能がこの分野に集結しました。

急速な経済成長を遂げる日本には、新たなインフラの建設が必要不可欠だったのです。

これらの例からわかるように、時代によって求められる専門性は常に変わっていきます。

社会が労働者を教育し続ける

その点、ドイツでは古くから、労働者のスキルや専門知識の継続的な更新と向上が重視されてきました。その精神は、ドイツ独特の「**デュアルシステム**」と呼ばれる職業教育システムによく表れています。

このシステムでは、若者が職場での実務訓練と、学校での理論教育を並行して受けることで、専門的なスキルと知識を身につけます。

また、ドイツの採用市場では、継続的にキャリアのための追加教育を受けることは一般的で、職務に関連する最新の技術や方法論を学ぶことが労働者にとって重要なのです。

こうした文化のおかげで、技術革新が進む現代社会においても、**ドイツの労働力が常に最新のスキルを維持する**ことを可能にしています。

現代の日本でも、「**リスキリング**（**学び直し**）」が叫ばれるようになり、常にスキルを更新していくことが政府からも奨励されるようになりました。ドイツの姿勢には、学ぶことが多いといえるでしょう。

POINT

- 「新卒→OJT」というレールしかほぼない日本と違い、ドイツでは回り道が普通。
- キャリアアップのためのリスキリングが普及しており、社会も後押ししている。

マイスター制度が象徴する仕事への誇り

ドイツの労働者の専門性を語るうえで外せないのが、職人精神を体現する「**マイスター制度**」の存在です。

もともと「マイスター（Meister）」とはドイツ語で「名人」「巨匠」を指します。技術立国・ドイツにおいて**専門職の後継者不足や伝統技術の断絶**といった問題を受けて始まった制度です。

マイスターへ至る厳しい道

前項で触れた「デュアルシステム」で訓練を受け、「ゲゼレ（Geselle・職人）」という資格を取得後、マイスター試験で合格した、技術と知識を持ち合わせた者のみ「マイスター」と認められて**手当の支給や優遇措置**を受けられます。

現在のマイスター制度の法的基盤が整備されたのは1950年代でしたが、その原型はたいへん古く、13世紀頃にまでさかのぼります。

手工業者たちが同業組合を組み、利益を守るための規則を設定したのが始まりです。マイスターになるために見習いとして修業し、一定期間職人として働いた後、試験に合格する必要があるなど、厳しい選考過程があるのは今と変わりません。

ものづくり大国を支える職人たち

マイスターは「**手工業マイスター**」「**工業マイスター**」、**他にも**「**商業マイスター**」「**農業マイスター**」などに分かれています。

手工業マイスターの領域は、伝統的な製菓や製パン、食品加工、義肢装具、木工家具などがあり、起業するケースも多いです。ちなみに、開業するためにマイスター資格を必要とする職種は、41（2004年までは94ありました）もあります。

なかには、「足場組み職人（Gerüstbauer）」や「煙突掃除職人（Schornsteinfeger）」という専門職もあります。

一方、工業マイスターは自動車整備士、産業機械工、電気設備工などであり、主に企業に勤めています。

語学習得などのハードルはあるものの、外国人にも門戸は開かれています。

私はドイツの花屋で働く日本人女性と知り合いましたが、彼女も下働きの間に勉強して、次第にステップアップしていき、花屋としての「マイスター」資格を取得して、日本へ戻っていきました。

「ドイツで花屋のマイスター資格をとったことは、日本の花屋業界でも役立つ」と語ってくれました。

職場での実務訓練と、学校での理論教育を並行して受ける「デュアルシステム」に支えられたマイスター制度は、ものづくり大国の基盤になるだけではなく、**専門性に誇りを持つドイツ人の職業倫理**にも大きく関わっているのです。

POINT

● マイスター制度に象徴される、専門性へのリスペクトがものづくり大国の基盤。

自分の強みを見極める教育制度

それにしても、ドイツ人は自分が何の専門家になるか、**どのように自分の強みや適性を見極めて**進路を選択しているのでしょうか？

その答えは、幼少時から個々の強みや適性を見極めて、それに応じた教育を提供する教育システムにあります。

ドイツでは、6歳から10歳の間で、「グルンドシューレ（Grundschule）」という、日本における小学校のような基礎教育を終えます。日本ではその後、中学校までの義務教育が続けられ、98％の子どもは高校に進学することになりますが、なんとドイツでは、その時点で将来を大きく左右する進路の選択を迫られることになります。

幼くして与えられる3つの選択肢

選択肢としては、大きく分けて次の3つです。

①「ギムナジウム（Gymnasium）」（大学進学準備学校）
②「レアルシューレ（Realschule）」（実践的な学問を提供する学校）
③「ハウプトシューレ（Hauptschule）」（職業訓練に焦点を当てた学校）

生徒の学業成績、興味、親の意向、教師の推薦に基づいて、これらの学校のいずれかに進むことになります。それぞれについて詳しく見ていきましょう。

①「ギムナジウム（Gymnasium）」（大学進学準備学校）

目的は、大学進学に向けて準備をすることで、期間は基礎学校から数えて5年生から、12年生または13年生まで続きます。

カリキュラムは言語、数学、自然科学、人文科学など多岐にわたり、修了すると「アビトゥーア（Abitur）」という資格が授与され、**大学への入学資格**を得ることになります。

②「レアルシューレ（Realschule）」（実践的な学問を提供する学校）

ここでは、実践的な学問と職業に関する教育に重点が置かれています。期間は基礎学校から数えて5年生から10年生までの6年間となります。

カリキュラムはギムナジウムほど学問に集中しておらず、実用的なスキルや職業教育への導入が含まれています。修了すると、**特定の専門学校や職業訓練校への進学**が可能になります。

③「ハウプトシューレ（Hauptschule）」（職業訓練に焦点を当てた学校）

ここでは主に職業訓練に焦点が当てられ、生徒に実務的なスキルと、基本的な教育が提供されます。期間は基礎学校から数えて5年生から9年生、または10年生までです。

修了すると**職業訓練校や特定の専門職への道**が開かれます。

日本でいうとギムナジウムは中高一貫の進学校、レアルシューレは工業・商業高校、ハウプトシューレは専門学校をイメージするとわかりやすいでしょう。

早期教育のメリット・デメリット

はたしてあなたは、自分の人生を振り返ってみて、10歳で将来像について考えたことがあるでしょうか？　私を含めたほとんどの日本人は思いもよらないでしょう。

ドイツの教育制度

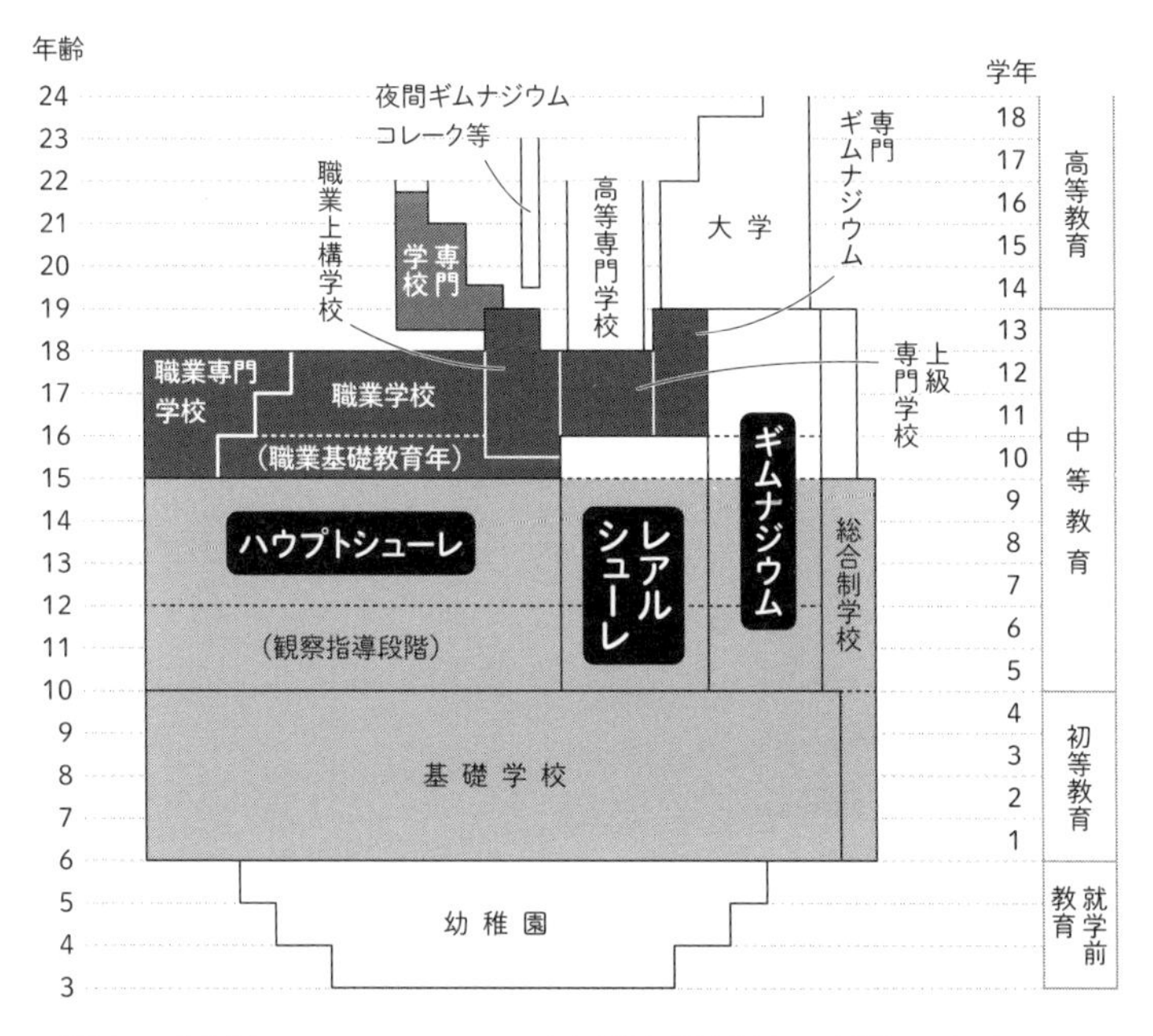

文部科学省「教育指標の国際比較」平成16年版より引用

ドイツのような、早くに進路を選択する「早期分岐型」の教育のメリットは、生徒が早くから自分の強みや興味に合った教育を受けることが可能な点です。

一度選択してしまえば、変更することは難しいため、日本でよく問題になる「**やりたいことがわからない**」ことからくる「自分探し」をしなくて済むのも、メリットといえるかもしれません。

とはいえ、この教育にもデメリットはあり、社会的背景による教育機会の不平等を生む可能性があることが指摘されています。そのため、一部の州ではこれらのシステムを統合し、より柔軟な教育パスを提供する改革が行われています。

また、最近では進路の決断を先延ばしにしたいドイツ人も増えてきていて、「ゲザムトシューレ（Gesamtschule）」という3つの進路の特徴を統合した総合学校に子どもを通わせ、じっくりと将来を考えさせる親も増えてきているようです。

ドイツと比べ、我が国では文部科学省の指導要領に従って、全国的に均一なカリキュラムが提供されています。これには、全国どこでも同じ水準の教育を受けられるメリットがあります。

しかし、自分の特性や、やりたいことの方向性を考える機会が与えられないため、なんとなく進学していくパターンが多いように思います。そのため、最近では、ドイツのように、**若いうちから強みや適性を探す**教育も広まりつつあるようです。

いずれにせよ、このような教育システムがあるからこそ、ドイツ人は後戻りが難しい専門家への道を自分で考え選択することができるのでしょう。

POINT

- 10歳には大まかに自分の進路を決めなければいけない教育システム。
- 青年期の「自分探し」が必要ない代わりに弊害もあり、一長一短である。

マネージャー、リーダーの本当の役割

専門家のプロフェッショナリズムによって支えられているドイツ社会の話をしてきましたが、彼らをまとめ上げるのもまた、その道のプロフェッショナル、つまりマネージャーです。管理職も、**マネジメントの専門家**としての地位を築いています。

ここまで読んでくださった読者の方ならご理解いただけるでしょうが、ドイツの企業で管理職を務めるのは大変なことです。

1年の4割近くも各メンバーが休暇をとり、ときには何週間も連続で長期休暇で不在で、残業などもってのほか。ごく**限られた時間内に成果をあげさせなければなりません。**

専門家と専門家との間に立つ

おまけに、各メンバーには「**ジョブディスクリプション**（**職務定義書**）」に基づいて、それぞれの職務内容が明文化されています。

個人が期待されている成果が理解しやすくなっている反面、業務外の仕事を依頼すると、

「**それは私の仕事ではありません**」

とにべもなく拒否されます。

日本企業ではあまり口にされないセリフですが、ドイツの職場では日常的に聞かれます。

しかし、すべての業務のプロフェッショナルが会社に用意されているわけではありません。細々とした雑務や、外部環境の変化によって生まれた新しい業務は、職務定義書に反映されていないことも多々あります。

仕事を駅伝に例えるなら、メンバー間でタスキ（職務）とタスキ（職務）がつながらず、**中継地点で落下してしまう**瞬間が必ずあります。それを拾い上げて、次のメンバーに渡すことが、ドイツの管理職に与えられた任務といえます。

まとめると、このようになります。

・「ジョブディスクリプション（職務定義書）」に基づく各スタッフの役割の明確化
・チームメンバーの個性や能力を理解し、個々のパフォーマンスを最大化する
・タスク管理におけるギャップを埋め、プロジェクトの円滑な進行を支援する

見ればおわかりのとおり、日本の管理職のように「プレイングマネージャー」化することはない一方、**人と人との間に立つ**ことが多いので、ドイツの管理職には強いリーダーシップと「人間力」が求められています。

トップダウンで迅速な意思決定

ドイツに限りませんが、マネージャーや、さらに上のリーダー層になると、**迅速な意思決定と強い実行力**が求められます。

ドイツでは労働者の権利に対して最大限配慮がされていますが、組織の方針決定においては、トップが最終的な責任を持ち、決断を下します。

私が勤めていたドイツのオフィスには、個性的なメンバーたちがそろっていましたが、マネージャーのクラウスは彼らを巧みに取りまとめていました。

クラウスは常々言っていました。

「重要なのは、方針が決まるまでは多様な意見を出すこと」

「ただ組織全体の方針は、トップが決める」

「決まったら、全員でその方向に進むことだ」

彼の言葉を裏付けるような出来事が、私の働く自動車業界でもありました。

ドイツ・フォルクスワーゲン（ＶＷ）社の「**ディーゼルゲート事件**」への対応です。

ＶＷ社をはじめとした欧州の各自動車メーカーは、２０１０年代なかばまで、従来のディーゼルエンジン車の性能を向上させることで、ＥＵの二酸化炭素排出規制に対応する方針でした。

ところが２０１５年9月、ＶＷ社のクリーンディーゼル車の排ガス制御プログラムが、**試験時のみ規制値内に収まるように設計されていた**ことが明るみになったのです。

最終的に同社は3兆５０００億円を超える罰金・和解金を支払ったとされています。これを有名なアメリカの政治スキャンダル「ウォーターゲート事件」になぞらえて「ディーゼルゲート事件」と呼びます。

ＶＷ社は窮地に陥りました。既定路線だったディーゼルエンジンの改良には、想定をはるかに超えるコストがかかることがわかったのです。排ガス規制は強化される一方で、消費者のディーゼル車人気は低下していました。

しかし同社は思い切った手に出ます。

従来の方針をかなぐり捨て、「**EV**（**電気自動車**）**シフト**」という戦略の大転換をトップダウンで決断しました。早くも2016年6月には、2025年までに30車種以上、200～300万台の電気自動車を開発・販売することを発表したのです。

その後の数年間でVWは**一気に業界をリードする電気自動車メーカーに変貌を遂げた**のでした。トップダウンによる迅速な意思決定と強い実行力で、通常では考えられない方針転換を成功させての復活劇でした。

メルケル前首相のリーダーシップ

政治の世界においても、ドイツのトップダウン式の意思決定がなされた事例があります。アンゲラ・メルケル前首相のリーダーシップによる、**シリア難民の対応や新型コロナウイルス感染対策**です。

２０１５年、中東のシリアなどでは内戦が続き、多くの難民が家を追われることになりました。難民の波はトルコを経由して、ヨーロッパにも押し寄せます。

人道主義を貫くメルケル前首相は、ＥＵとの十分な協議を経ずに**約１００万人の難民受け入れ**を表明しました。

「私たちはそれを成し遂げることができる（Wir schaffen das.）」

彼女はこう断言し、強い意志を示したのです。数あるメルケル前首相の危機対応の中でも、最も評価の分かれる決断でしたが、私は後世には英断として語られると信じています。

２０２０年に新型コロナウイルス感染症のパンデミックが発生した際も、メルケル前首相のリーダーシップは的確でした。彼女は科学的根拠に基づく対策を迅速に実施し、国民に対しては直接語りかけました。

ドイツはデータの利活用と重症者対策、連邦政府と州の機動的連携や法整備などで成果をあげ、「**世界で最も新型コロナ対策に成功した国**」と言われることになります。

このようにトップダウン方式の最大の利点は、迅速な意思決定と高い効率でしょう。

緊急を要するプロジェクトや市場の変化に迅速に対応する場合、合意形成のプロセスを省略できるため、スピード感を持って事業を進めることができます。

それこそが、現代のような変化の速いビジネス環境で求められているリーダーシップです。

POINT

- ドイツでは管理職もまた、「マネジメントの専門家」。専門家同士の間を取り持つ。
- ドイツのリーダーシップはトップダウン型で、変化の激しい時代に合っている。

第2章

無理せず成果が出る「ドイツ式働き方」

ドイツ流「早起き習慣」を身につける3つのコツ

ここからはいよいよ、17年の在住で私が体得した、**ドイツ式ワークスタイル**を具体的に紹介していきます。どのように身につけたのか、その工夫もお伝えできればと思います。

「**早起きは三文の徳**」といいますが、ドイツ人ほど、このことわざを体現する人々を私は知りません。

たいていのドイツ人は朝が早く、同僚の中には7時に始業して午後3時には仕事を終えてしまう人さえいました。退社後の時間を家族や趣味、個人的な活動、副業などに充てることができ、1日が長く感じられるのは言うまでもありません。

日本時代には、長時間労働や深夜に及ぶ残業も当たり前だった私ですが、ドイツに赴任して現地の生産性の高さを見せつけられてからは、早起き習慣を習得すべく試行錯誤を繰り返しました。

その中でも**特に効果をあげたコツ**を3つ、お伝えしようと思います。

・15分早起きチャレンジ
・14時以降のカフェインカット
・起床後ルーティンの自動化

それでは、ひとつひとつ見ていきましょう。

15分早起きチャレンジ

急にドイツ人を真似て5時に起きようとしても、日本でインプットされた体内時計はそう簡単に変わりません。習慣をつけるコツは、いきなり起床時間を早めるのではなく、**徐々に変えていく**ことです。

具体的には、これまであなたが朝7時に起きていたとしたら、1週間に15分ずつ、徐々に起床時間を早めていくのです。つまり最初の週は、アラームを6時45分に設定します。

ささやかな一歩ですが、この小さな変化が、習慣をつける第一歩になるのです。

そして、たった15分でも、あなたは朝の忙しい時間帯に15分のゆとりがあることのありがたさを実感するはずです。ますます早起きしたくなり、**習慣化へのモチベーション**が高まります。

もちろん、健康を害しては元も子もないので、起床時間を早めるなら就寝時間も調整しなければなりません。ドイツ人の同僚たちは、朝にはいつも爽やかに挨拶してくれます。無理せず早起き習慣を実践している証でしょう。

ただ、睡眠習慣は出張や旅行などで遠出すると、乱れることもしばしばです。

私も、海外出張で時差が大きい国と日本を行き来したときは、早起き習慣を身につけた体内時計が狂ってしまったことがあります。そんなときも、**一気に元の起床時間に戻すのではなく**、15分ずつ整えていきましょう。

体は覚えていますから、やがて再び習慣化されていくので安心してください。

14時以降のカフェインカット

眠気覚ましや集中力アップの強い味方となるカフェインですが、早起きを習慣にしたかったら、**摂取する時間に気を配る**必要があります。摂る時間によっては入眠が難しくなったり、睡眠の質を悪化させたりする可能性があるからです。

一般に、カフェインは摂取から約5〜6時間の半減期（効いている時間）を持つとされます。体質の差も考慮し、就寝への影響を排除したいなら、**ベッドに入る8時間前**からはカフェインの摂取を控えたいところです。

つまり、8時間睡眠を前提とすれば、朝6時に起床するためには、前日の22時には就寝する必要があります。そこから、カフェインの影響が否定できない8時間を逆算すると、**カフェイン摂取は14時までにすべき**、ということがわかります。

実際、ドイツのオフィスで「カフェ」スペースに集まっていたドイツ人の同僚たちも、主に午前中からお昼にかけてコーヒーを飲んでいました。ランチ後のエスプレッソを飲んだら、あとは、水やノンカフェインのハーブティーに切り替える人がほとんどでした。

起床後ルーティンの自動化

さて、早起きが習慣になってきたとして、それを長続きさせるための秘訣があります。

「朝起きてからやること」を明確にしておくことです。

基本的には朝型の生活を実践できている私ですが、起床後の行動が決まっていないときは、ベッドから起き上がるのがおっくうになります。特に、8時過ぎまで暗い冬の間は習慣化されていてもなかなか起きられません。

そんなときに役立つのが、**「起床後ルーティンの自動化」**です。

朝起きたら「ベッドを整える」「熱いシャワーを浴びる」「運動する」「読書する」「瞑想する」といったルーティンをあらかじめ組んでおくのです。そうすると、目覚めたと同時に「まずは何をしようか……」と考えることなく、体が勝手に動くようになります。

自分に考える時間を与えないというのがポイントです。

また、早起きの目的として「走る！」「勉強する！」といった行動目標ではなく、**中長**

期的な目標をセットしておく、というのも有効です。例えば、「ダイエットで○キロ痩せる（ために走る）」「TOEICの点数を○点にする（ために勉強する）」などです。

私の場合はマラソンが趣味なので、出場したいマラソン大会にエントリーして、目標タイムを決めると急にスイッチが入ります。

まず大会の日付から逆算して、毎月○キロ走る、という中長期的な目標を定めます。それを達成するためには毎朝□キロ走る必要があって、そのためには△時に起きなければ……と毎日のルーティンに説得力を持たせていくのです。

これによって、**自分から言い訳を考える時間を奪う**ことができます。

「毎朝早起きして走る」という漠然とした行動目標だと、「とはいえ、今日は雨だし、また明日……」「体調が優れないから……」「昨夜飲み過ぎたから……」といった言い訳が無限にわいてきます。

しかしその日のルーティンが中長期的な目標を達成するために欠かせない一部だと認識していれば、言い訳を考える暇もなく、体が勝手に動き出す状態をつくることができます。

自動化でいえば、「**ルーティンを乱さないための環境を整える**」のも効果的でした。起床後に走るのであれば、ランニングウェアとシューズをあらかじめ準備しておくのです。起きてからあれこれ用意していると、その間に走るモチベーションが落ちることがあるからです。

この3つが、ドイツ人に共通している「早起き習慣」を身につけるために私が工夫してきたテクニックです。きっと毎朝の少しずつの変化が、あなたの日々の生活を新鮮で活気あるものに変えてくれることでしょう。

POINT

- まずは15分だけ早起きにチャレンジしてみる。
- 14時以降はコーヒーなどでカフェインを摂らないようにする。
- 起床後ルーティンの自動化で二度寝を防ぐ。

整理整頓が生産性の根幹である

長年、仕事でドイツ人と関わっていて痛感させられるのが、彼らの生産性抜群のワークスタイルの根幹には、**整理整頓**があるということです。

それが顕著に表れているのが、職場で交わされる挨拶です。

「すべて整理されていますか？（Alles in Ordnung?）」

朝に顔を合わせたときだけでなく、日中に上司が部下に気軽に声かけする際にも使われています。英語でいえば「Is everything OK?（うまくいってますか？）」、日本語でいえば、「どう調子は？」「どんな感じ？」といったところでしょうか。

職場の挨拶として定着するくらいなので、オフィス内の整理整頓は徹底されています。

すっきりとしてムダがない環境は、ストレスを軽減する効果に加え、探しものをする必要がなくなります。45ページで、探しものをする時間はばかにならない、という話をしたとおり、作業効率を上げるうえでまず除きたい要素です。

ここで、改めてドイツ人の整理整頓の技術に学びたいと思います。

ドイツ流片付けの三原則

ドイツ人が片付けで大切にしている原則には、すでに触れました。

一言でまとめると、

「**モノを置く場所を決め、使ったら元の場所に戻し、モノを増やさず、増えたら捨てる**」。

シンプルですが、ドイツ家庭で片付け教育を受けていない我々がこの原則を身につけるには、要素を分けて理解する必要があります。

・ホームポジションの原則……モノの住所を決めて、使ったら必ず戻す
・スリムアップの原則……定期的に持ち物を見直し、最低限のモノ以外は整理する
・アップデートの原則……もしモノを買ったら、同じ種類・用途のモノを手放す

なります。

キホンは「住所を決めて、家に帰す」

この3つの原則を導入することで、デスクはリバウンド知らずの整理整頓された空間になります。

まずは必要な文房具やツールに、それぞれの「**住所**」を設定します。

このとき「**よく使うもの**」「**時々使うもの**」「**ほとんど使わないもの**」に分類し、使用頻度に応じて住所を決めましょう。よく使うものは手の届く範囲に、使わないものは遠くへ、という具合です。

住所を決めたら、使用後は元の場所に戻すことを徹底し、習慣化します。

住所の位置が自然で使いやすくないと、住所にたどりつけずに行き倒れるモノが必ず現れるので、使用頻度に合ったちょうど良い位置を定期的に見直しましょう。そして、もし文房具やツールが増えたら、同じ種類・用途のモノは必ず減らしましょう。

整理整頓の大敵といえるのが書類です。まず、物理的なスペースを削減するため、可能なものはすべて電子化してしまいましょう。大したファイルサイズにはならないので、ハードディスクの容量を圧迫することは、まずありません。

電子化できないものは、モノと同じく住所を決めて、カテゴリ別にファイリングしましょう。こちらも放っておくと住所不定の書類が積み上がっていくので、**一時保存用のボックス**を作り、そこにストックするようにすればスペースを圧迫しません。

そして大切なのは、1日の業務終了時、40ページで紹介した私の同僚たちがやっていたように、**デスクを整理する**ことです。モノや書類を住所に戻すだけなら、すぐ終わります。理想は、デスクの上に何もない状態です。

これで、翌日には清潔で整理された環境で作業を開始でき、集中力と生産性が向上します。また、すべてのモノや書類が住所どおりに収納されていることで、探しものでムダな時間を消費することもありません。

POINT

- モノの住所は必ず帰れるところにする。
- 電子化可能な書類はすべて電子化してしまう。

ホワイトボードを活用して発想を刺激

ドイツでは、アイデアの創出や議論のプロセスにおいて、**ホワイトボードを活用すること**が一般的です。

私も導入してみると、手書きによって創造性が刺激されて新たなアイデアが生まれ、思考が整理されることを実感しました。今では次のような用途でフル活用しています。

・小規模会議の見える化
・ブレインストーミングの促進
・個人タスクをスッキリ整理

シーン別に解説していきましょう。

小規模会議の見える化

小規模な会議での議論は、口頭で終わってしまうことが多いのではないでしょうか？

議事録が残っているとしても、テキストだけだと記憶に残りづらいものです。

また、混み合った議論では、それぞれの理解にズレが生じてしまうことも多々あります。

そんなときには、いったんデジタルから離れて、**アナログに立ち返る**のが解決策になります。


私が以前、ドイツ人のエンジニアと仕事をしていたときには、ホワイトボードを使って図や絵を交えて話すことで、言語の壁が取り払われ**誤解や誤認を防ぐ**ことができました。

また、アジェンダや議論のポイントをホワイトボードに書き出すだけで、会議の進行がスムーズになって、全員が参加しやすい環境をつくることができます。


会議室にホワイトボードが設置されていないときは、大きめの白紙でも、A４のコピー用紙でも代用できます。書ければなんでもいいのです。

あのAmazonの創業者のジェフ・ベゾスが、創業前にレストランの紙ナプキンに「ハーベストループ」と呼ばれるビジネスモデルを描いたように、大切なのは思いついたことを漏らさず書くことです。

ブレインストーミングの促進

ホワイトボードは、アイデアや解決策をざっくばらんにチームで出し合う、ブレインストーミングでも活用できます。

その際にも「きれいに書こう」とか「後から見やすいように整えよう」といった論理的思考、いわば左脳的な意識は豊かな発想の邪魔になります。感覚的思考、つまり右脳ベースで、どんどん書き出されたアイデア同士の関連を線や円で結び、パターンやカテゴリーを形作っていきます。

私が、ブレインストーミングの際によく使うパターンが2つあります。

ひとつは「**時系列の出来事**」、もうひとつは、「**関係者間の相対関係図**」です。

「時系列の出来事」では、プロジェクトやイベントがどのように進展してきたかの「歴史」を描きます。

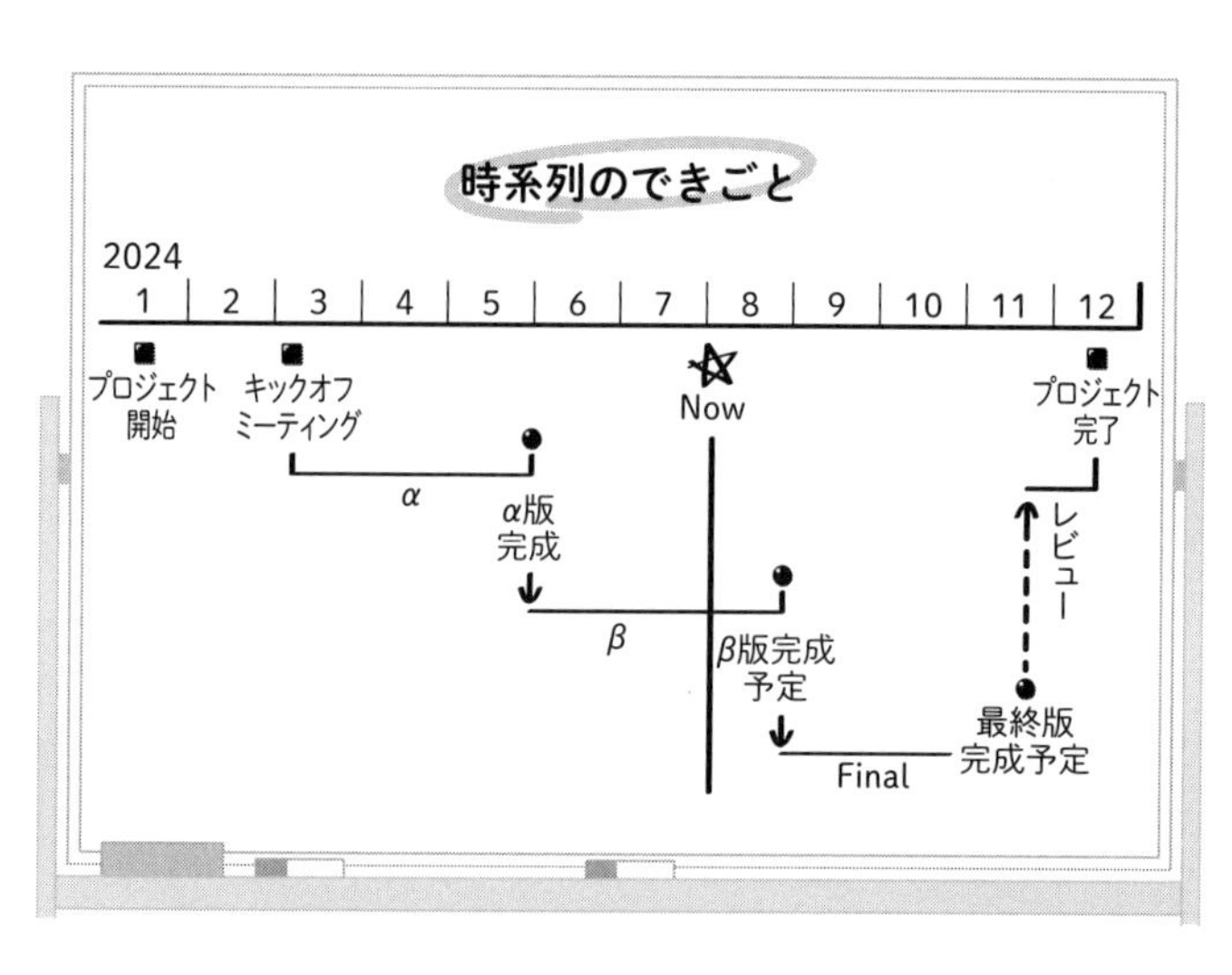

この手法は、過去を振り返り、問題があればその起点を特定するなど、**ターニングポイントを浮き彫りにする**のに役立ちます。

また、未来の出来事として、あらかじめ予定されているマイルストーンも書いていきます。また「こうあってもらいたい」という理想的なスケジュールでも構いません。

描き始めは、ホワイトボードの上部を使って、横いっぱいの横線を描きます。そして、対象となる事象の**過去から未来までの日時**を区分していきます。

例えば、1月~12月のことが対象であれば、12分割する、という具合です。

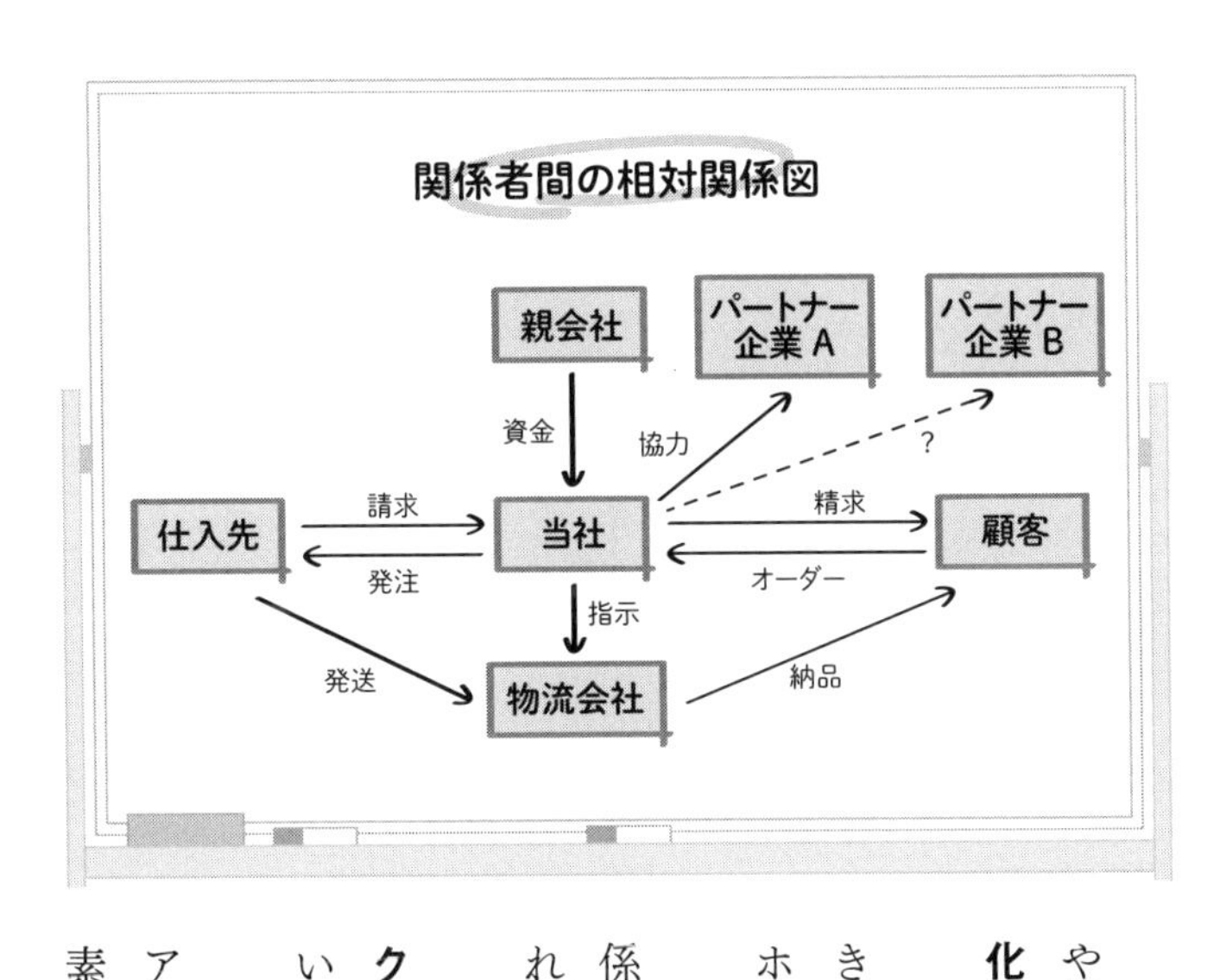

一方で、「関係者間の相対関係図」は、人員や組織、コンセプト間の**動的なつながりの視覚化**が狙いです。

まずはステークホルダー（利害関係者）を書き、四角形で囲みます。そして、そのステークホルダー間の関係を矢印で表していきます。

なんと、これだけでどの関係が強く、どの関係が弱いか、または今後、新たな関係が形成される可能性があるかが見えてくるのです。

全体像を俯瞰することで、**問題のボトルネックが可視化**され、解決策が自然と出てくる、という現象が起こります。

これらの図は完璧である必要はなく、アイデアの流れを阻害しないように、リアルタイムで素早くスケッチすることが大切です。

個人タスクをスッキリ整理

個人のデスクにも小さなホワイトボードを設置することで、日常のタスク管理やアイデアの整理に役立てることができます。

私のドイツのオフィスでは、**縦型の小型ホワイトボード**をデスクの前に置いてあります。処理すべき案件が多いときには、ここにタスクを書き出しておくのです。そして、処理した案件には横線を引くことで進捗が見える化して、やる気を持続させることができます。

また、関わっているプロジェクトごとの進捗度合いや、それにともなうToDoリストも書き出しておきます。

「あれもこれもやらなければならないことが山積み！」と頭を抱えるような状況のときも、可視化されることで次にやるべきことがはっきりしてきます。

いわば**仕事の海図を手元に置いておく**ようなものです。なければやみくもに船を進めるだけですが、海図があれば進むべき航路が見えてきます。

また、部下が相談に来たときにも大活躍します。

相談が必要なときというのは、たいてい**トラブルが起きたり事態が混乱したりしているとき**なので、ホワイトボードで先述した「関係者間の相対関係図」を使って整理します。口頭だと、自分の知らない当事者がたくさん登場する話を頭だけで想像しなければなりませんが、一緒に図にしていくことで理解が早まり、解決への道筋も見えてきます。

このように、ホワイトボードを使って、手書きでアイデアを表現することは、創造性を刺激し、効果的な議論を促進します。手書きを駆使して**思考を視覚化**し、集団の創造力を引き出すことにお役立てください。

POINT

●手書きでは「時系列の出来事」「関係者間の相対関係図」が特に有効。
●人の相談を受けるときもホワイトボードを使うとスムーズ。

ムダな会議をふるいにかけて時間をつくる

34ページでも紹介したように、ドイツ企業では多数のメンバーの時間を拘束することになる、**会議の効率**が非常に重視されています。

自分が発言する機会がない、または貢献できる内容がない、といった会議には「**参加しない！**」というスタンスをとることが一般的です。

あなたも、「自分が参加する必要、あるのかな……」と感じたことがあるのではないでしょうか。そんなムダな会議を業務時間から省くだけで、仕事の効率は劇的に向上します。

もっとも、会議への出席を指示されている立場にある場合、出席を断ることで「上司や周囲に悪い印象を与えてしまうかもしれない……」と不安を覚えるかもしれません。

安心してください。

本項で解説する「**会議の棚卸し**（たなおろし）」を行えば、自分がなぜその場に必要ないか、ロジカルに説明することができます。そして、実際に次の会議で自分が必要なかったことが証明されれば、誰も何も言わないはずです。

ではさっそく、棚卸しをするための方法を見ていきましょう。

アジェンダを見極める3つの質問

「プロジェクトの関係者みんなが出席しているから、自分も出るべきなんだろう」

「やることはないけど、とりあえず顔を出しておくことが大切だろうし……」

こんな消極的な理由で大事な時間を空費するべきではありません。

ドイツ式ワークスタイルにおける会議出席の必要・不必要はアジェンダで見極めます。

少しでも参加への疑問を持ったときは、これらの質問を自分に投げかけてみてください。

Q「この会議のアジェンダは、意思決定（議論）・報告・情報共有のいずれか？」

Q「意思決定（議論）なのであれば、それへ自分はどのような価値を提供できるのか？」

Q「価値を提供できたとして、発言の機会はあり、意思決定（議論）に影響するのか？」

会議の内容が報告や情報共有であれば、あとで議事録を見返せば済むことです。

そして、意思決定（議論）が目的なのだとして、自分がそれに影響力を行使できるのか考えましょう。行使のためには、**専門知識・見解・権限**といった要素が必要です。

見当たらなかったら、自分はその場にいなくていいということです。

出席の価値で会議をフィルタリング

「議題は自分に関係ないけれど、情報収集のために……」

「話題についていけなくなるかもしれないから……」

こんな後ろ向きな理由で時間を使うのも、得策とはいえません。

自分に有益な情報が含まれていたとしても、それは会議の時間のほんの一部のはずです。自分にこうした質問をしてみましょう。

Q 「この会議に出席することで、自分はどのような価値を得ることができるか？」

Q 「会議に出席する以外に、自分が同じ価値を得る手段はないか？」

まず、出席することで自分にとってどのような価値があるのか判断し、もしあったとしても、同じ価値を得るために別の方法がないか、検討しましょう。情報が欲しければ、後日議事録を展開してもらったり出席者にヒアリングしたりして、該当部分をインプットすればいいだけのはずです。

定例会議という聖域に踏み込む

定期的に開催される会議の厄介なところは、

「定例会議には出席する決まりだから……」

と、**思考停止を招く**点です。

これまでに紹介した2つのフィルタリング法を活用して定例会議についても棚卸しをしていきましょう。その目的と成果を評価してみて、ムダだと判断できたときは、改善や廃止を検討するのです。

改善の具体策としては**参加者のリストを見直す**、ミーティングの頻度を**週1回から隔週にする**、リアルの会議をオンラインにする、といったことが挙げられます。

自分が定例会議を主催する立場でなくても、改善案を提案することはできるはずです。

こうした会議の棚卸しを通じて、あなたの貴重な時間を奪っていく「**会議時間の断捨離**」を徹底的に進めていきましょう。

POINT

- 3つの質問でアジェンダを見極める。
- 出席で得られる価値を「別の方法で手に入れられないか」検討してみる。
- 定例会議を〝聖域〟にしない。

あえて時間制限をして頭の回転数を上げる

「パーキンソンの法則」をご存じでしょうか？

これは、英国の歴史・政治学者のシリル・ノースコート・パーキンソンが提唱したもので、その第一法則は、「**仕事の量は、完成のために与えられた時間をすべて満たすまで膨張する**」というものです。「利用可能な資源は、あるだけ使ってしまうもの」という人間の本質を言い当てています。

しかし、逆説的に考えれば「**完成のための時間を限定すれば、仕事の量はその中に収束する**」と言い換えられます。

仕事とプライベートとの間に明確な境界線を引き、1日の労働時間を限定することで高い生産性を発揮しているドイツ人は、この逆説を身をもって証明しています。

ここでは、その1日の労働時間を、さらに細かく時間制限することで頭の回転数を上げ、生産性を高めるテクニックを紹介します。

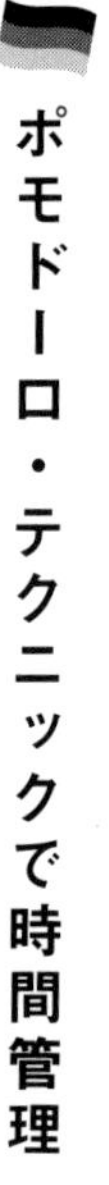

ポモドーロ・テクニックで時間管理

日頃から仕事術を研究されている読者の方は、「ポモドーロ・テクニック」の名を、すでに聞いたことがあるかもしれません。

これはイタリア人のフランチェスコ・シリロによって１９８０年代後半に開発された、**タイマーを使った時間管理法**で、作業と休憩を短いサイクルで交互に繰り返し、集中力を維持しながら効率的にタスクを進めることを目的としています。

ちなみに「ポモドーロ」とはイタリア語で「トマト」を意味し、シリロが使用していた**キッチンタイマーがトマト形だった**ことに由来しています。

その手法は非常にシンプルです。

・タイマーを25分にセットする
・タイマーが鳴ったら5分の短い休憩をとる

これを繰り返すだけです。

オリジナルのポモドーロ・テクニックでは、4回のサイクルを終えたら、15分から30分の長い休憩をとることが推奨されています。

シンプルであるがゆえに再現性が高く、世界中で長く愛されている時間管理法です。

私も「本の執筆」という、仕事以外の時間を長期間使うプロジェクトで集中力を維持するために、この手法をアレンジして用いました。

例えば、25分という集中時間や、長い休憩といった部分は、自分が取り組むタスクや日々のコンディションによって**変えて問題ない**と考えています。

私が本の執筆で活用した際も、朝イチで気分が乗らない場合は、25分ではなく「まずは5分だけ！」「次は15分だけ！」というように**短い集中時間からスタート**していました。

そして週末など、時間がとれて気分にゆとりがあるときは、集中時間を60分に延長する、といった工夫をしていました。

ポモドーロ・テクニックの習慣化のカギは「**身近にする**」ということです。

物理的なタイマーを使うのであれば、自宅・職場に置いて何にでも使うようにしましょう。現在ではスマートフォン／ウォッチのアプリケーションでポモドーロ・テクニックに最適化されたものが多数リリースされており、それらを活用するのもオススメです。

ちなみに私は、スマートウォッチのアプリケーションを活用して、集中時間のカテゴリー分けをしています。「**執筆**」「**情報収集**」「**読書**」「**仕事**」とあらかじめ分類しておくことで、先述した集中時間をいちいちアレンジする手間が省けます。

5分のエナジー・リチャージ！

集中時間後の**貴重な5分休憩**は何に使うべきでしょうか？

ここではストレッチや深呼吸、短い散歩などで心身のリフレッシュをするのが効果的です。特にオフィスワーカーで座って作業をする人は、とにかく立ち上がりましょう。

近年の研究で、**長時間の座りっぱなしが筋肉の代謝や血行を妨げ、健康被害を招く**ことがわかってきたからです。

よくありがちな間違いは、休憩時間にスマートフォンを取り出して見る、というものです。どうせ5分では収まりませんし、わざわざ脳に刺激を与えてリラクゼーションを妨げることはありません。

オフィスの窓から外を眺める、お気に入りの楽曲を一曲聞く、目を閉じて簡単な瞑想を行う、などの行動がオススメです。

タスクの性質、自分のコンディションによって集中時間を使い分けて、時間制限による生産性向上を目指しましょう。

POINT

- ポモドーロ・テクニックの集中時間は25分だが、こだわらなくてもいい。
- 5分休憩ではとにかく立ち上がり、スマホを見ないことを意識する。

リセットボタンを生活に取り入れる

ドイツ人の仕事ぶりを見ていると、日常生活のあちこちのポイントに「**リセットボタン**」を設けていることが見て取れます。何度も紹介している長期休暇は言うまでもなく、仕事の合間でもこまめに休息をとることを意識しています。

そのリセットボタンが、やるべきタスクが山積みで頭を抱えてしまう、いわゆる「行き詰まった」状態を防いでいると感じます。日本人の私が、そのリセットボタンをインストールするために工夫したことを、3つに分けてご紹介しようと思います。

散歩・昼寝のリセットボタン

パソコンの電源を何日もつけっぱなしで、アプリケーションを起動し放題で作業していると、だんだん動作が重くなってきた、誰しもそんな経験があると思います。

人間も同じで、長時間にわたり作業を続けたり、タスクが積み上がっている状態が続いたりすると、何から手をつけていいのかわからず手が止まる、いわゆる「行き詰まった」状態になってしまいます。そんな、「脳のメモリーオーバー」が起きたときには、短くてもいいので**散歩や昼寝をする**ことです。

実際、ドイツの職場では、近くの公園や森を散歩したり、昼休み後に昼寝をして元気を取り戻している人をよく見かけます。

私の日本時代の職場でも、省エネ目的でランチ時間に消灯している企業がありました。そこでは机にうつぶせになって昼寝をしていたものです。

オフィスで昼寝などできる環境にない！　という方は、騙されたと思って**5分目を閉じて、呼吸に意識を向けて**みてください。それだけでもリフレッシュ効果を実感できるはずです。

モニターから離れるリセットボタン

読者の方々の多くは、パソコンなどのデジタル機器を仕事に使っていると思います。

「**20―20―20ルール**」をご存じでしょうか？

これは、アメリカ眼科学会が眼精疲労を防ぐために推奨しているルールです。

①「20」分、デバイスの画面を見るごとに
②「20」秒以上
③「20」フィート（約6メートル）以上離れた場所や景色を見る

長時間、パソコンでの作業に夢中になった後に、目の奥や周りの筋肉が緊張している感覚は、**眼精疲労のサイン**です。目の疲労だけではなく、脳をいたわるためにも「20―20―20ルール」を取り入れたいところです。

このリセットボタンを押すタイミングは、ちょうど前述の「ポモドーロ・テクニック」の1サイクルとほぼ重なるので、こちらと併せて活用するのもいいでしょう。

週末リセットボタン

ここまでは短期的なスパンで使われるリセットボタンを紹介しましたが、連日の勤務を続けていれば日中の休息を意識していたとしても、疲れは溜まっていきます。

ドイツ人の場合はここで「**2〜3週間の長期休暇で頭を空っぽにする**」という方法を使っていることは何度も述べてきたとおりです。

散歩や昼寝、モニターから離れることが、パソコンにおける再起動だとすれば、長期休暇はいわば**ハードディスクのクリーンアップ作業**といえるでしょう。

しかし、日本の労働環境で2～3週間の休暇をとっていたら、それだけで有給休暇を使い切ってしまいます。そこで、週末を活用してリセットボタンにしましょう。

61ページで述べたドイツ人の長期休暇の過ごし方を思い出してみてください。

・休日に「行動の選択肢」を設けず、何も考えずボーッとする
・仕事関係のメールやチャットを見ない

貴重な休みだからといって、あれこれとプライベートでやりたかったことを詰め込んだり、旅行先で忙しくしてしまったりしては、気分はリフッシュしているかもしれませんが、脳の疲労はとれません。

自宅からでも職場のメールやチャットアプリにアクセスできるからといって、ついつい見てしまっても同じです。

定期的に、**何もせず、仕事からも完全に離れる日をつくる**ことで、長期的な健康と生産性を保つことができます。ストレスが溜まって心身を傷つける前に、3つのリセットボタンを定期的に押して、パフォーマンスを最大限に引き出しましょう。

POINT

- 普段は散歩、昼寝、モニターからの離脱でリセットボタンとする。
- 週末には何もせずメール、チャットから離れてリセットボタンとする。

自ら上司にマネジメントをお願いする

自分ひとりで仕事や課題を抱え込んでしまって、時間を空費した挙げ句、**問題が大きくなって解決が難しくなる**――これほど非生産的なことはありませんが、ビジネスの現場ではよく見られる光景です。

ドイツでは上司は「**マネジメントの専門家**」なので、部下のサポートを行うのが仕事ですし、現場からの意見や提案は歓迎してくれます。

ここではドイツ式に上司との関わり方を見直し、チーム全体の生産性を向上させる取り組みをご紹介します。主に次の2つで構成されますが、後者は次項に譲ります。

・上司への適切なＳＯＳ
・上司への積極的な先取り提案

勇気を出してＳＯＳを出す

問題に直面したら、すべてをひとりで解決しようとせず、適切なタイミングで上司に相談することが重要です。自分の失敗をさらけ出すようで気が引けるのは理解できますが、**相談が早ければ早いほど問題解決のスピードも上がります**から、上司も望んでいることです。

とはいえ、職場の状況、上司との関係によっては気軽に相談できない、ということもあるでしょう。そのような場合には、次のようなステップに従って相談すればスムーズです。

①相談のタイミングを見極める

早い相談が大切といっても、起きる問題すべてについて「報・連・相」していたら上司も辟易してしまい、肝心なときに適切なサポートが受けられない恐れがあります。

ですので、問題に直面したら、まず解決策を講じてみて「**解決の兆し**」が見えるかどうか見極めましょう。そして見えないようなら、躊躇せずに上司に相談することを考えます。

②相談の方法を工夫する

面と向かって会話するのが難しい相手なら、メールや社内コミュニケーションツールを利用しましょう。問題の要点を明確にし、どのような助けが必要か具体的に示します。文章で客観的かつ冷静に状況を伝えたうえで、「**テキストでお送りした件なのですが……**」と切り出せばお互いの準備ができた状態で話し合えます。

③解決に向けた積極的な姿勢を示す

上司も人間ですから、丸投げされては心証が悪くなります。相談する際は、問題だけでなく「**自分なりにやってみた／考えた解決策**」を示すことが重要です。

これにより、あなたが問題解決に積極的に取り組んでいることを身をもって上司に示すことができます。

④フィードバックを受け入れる

SOSを出した以上、上司からのアドバイスや指示には、素直に耳を傾けましょう。批判的な意見もあるかもしれませんが、**成長の機会**として受け止め、次の行動に活かします。

⑤感謝の気持ちを表現する

上司のサポートには、相手に伝わる形で感謝の意を示しましょう。これにより信頼関係が深まり、今後のコミュニケーションがスムーズになります。

SOSのシミュレーション

では、実際の職場では、どんな会話になるかをシミュレーションしてみましょう。

部下「部長、少しお時間をいただけますか？　プロジェクトについて、いくつか課題が生じており、ご相談させていただきたいことがあります」
上司「もちろんです。どんなことですか？」
部下「現在、プロセスAにおいて、期限内に目標を達成するのが難しい状況です。分析を行った結果、要因Bか要因Cの障害を除けばいいことがわかりました」
上司「なるほど、具体的な原因はわかっているのですね。解決策については何か考えは？」
部下「はい、いくつか考えてみました。ひとつは、ツールDを導入して要因Bを改善することです。また、要因Cについては、チームEと協力して対策を練ることを考えています。ただ、それぞれの方法にはメリットとデメリットがあるため、部長の意見を伺いたいです」
上司「よく検討していますね。ツールDの導入はコストと時間がかかりますが、長期的に見れば効果は大きいです。チームEとの協力も、彼らの専門知識を活用できる。しかし、チームEのスケジュールとの兼ね合いも考慮しなければならないですね」
部下「そのとおりです。時間とリソースを効率的に使うためにも、どちらの方法を優先するか決めたいと思います。部長から見て、どちらがより合理的かご助言いただけますか？」
上司「私はツールDの導入を優先するべきだと思います。ただし、チームEとの協力も可能な限り進めるべきでしょう」
部下「承知しました。それでは、ツールDの導入に向けて具体的な計画を立て、同時にチームEとの連携を図るための手配を進めます。ご意見ありがとうございました」
上司「協力を得るのに私の力が必要であれば、いつでも言ってください。また、進捗状況を報告してもらえると助かります」

このように、上司に助言を求める際は、一方的に「困っています、助けてください！」と持ちかけるのではなく、**自分でも解決案の選択肢を考えた**うえで相談した方が、適切な助言と必要な協力も得られやすくなります。

POINT

●タイミングと相談の仕方を工夫すれば、上司は快く助けてくれる。

上司への先取り積極提案のススメ

助けを求めるだけではなく、上司に対して業務改善の提案を積極的に行えば、上司との関係性はさらに発展し、組織全体の生産性も向上します。提案といっても、思いつきでは聞く耳を持ってもらえません。根拠に基づき、具体性をともなっている必要があります。

先取り提案で押さえるべきポイント

提案の際は、以下の5点を意識してみてください。

①情報収集と分析

提案前には、関連する情報を収集し、**データに基づいた分析**を行います。例えば、業務効率化の提案であれば、関連する最新のツールや技術、競合他社の事例研究などを調べ、どのように自社に適用可能かを検討します。

②具体的な改善案の作成

分析した情報を基に、具体的な改善案を作成します。この際、どのような問題が解決されるのか明確にし、可能であれば、改善後のシミュレーション結果や予想される効果を**具体的な数値**で示しましょう。

③プレゼンテーション資料の準備

提案の際には、視覚的に理解しやすいプレゼンテーション資料を準備します。ポイントを絞り、わかりやすい**グラフやチャート**を用いることで、提案の説得力を高めます。

④適切なタイミングでの提案

上司のスケジュールや業務の流れを把握し、提案に適したタイミングを見計らいます。提案の際には、**背景・目的・期待される効果**を明確に伝えます。

⑤フィードバックの受け入れと対応策

上司からのフィードバックや質問には、オープンな姿勢で応じましょう。すぐに回答できない質問があれば、**後日改めて情報を提供する**などのアフターフォローも大切です。

最初から、自分の提案を受け入れてもらうのは難しいかもしれません。

上司の考えとの相違もありますし、見ている視野や視座が違うからです。

しかし、本当に意味のある提案であれば、アピールの仕方を工夫し、粘り強く続けていくことで、きっと受け入れてもらえるタイミングがくるはずです。

役割を超えた「イノベーション提案」

私の経験上、従来の日本の職場においては、個々人の役割が厳格に規定され、各部署内での活動に集中する傾向がありました。しかしながら、ドイツもそうですが、グローバル化が進行する現代のビジネス環境においては、**部署間を横断するプロジェクト**や、**企業間の連携**が一般的な風景となりつつあります。

この変化の波に乗るためには、従来の枠を超えた提案やアイデアの積極的な発信が不可欠です。例えば、新しい技術や異業種とのコラボレーションに関する提案など、創造的な思考が求められます。

では、どうしたら、そのような思考が得られるのでしょうか？
以下に3つのポイントを挙げます。

①関連分野の知識を広げる

自分の専門領域だけに固執せず、他部門の業務内容や市場の最新動向、関連技術について学びます。この**多角的な知識**が、自分の業務に新しい視点をもたらし、革新的なアイデアを生み出す土壌となります。

②アイデア共有の場を設ける

チームや部署内で定期的にアイデア共有のためのミーティングを設けます。この場では、自分の業務範囲に限らず、組織全体の改善や新しいプロジェクト提案ができるようにします。**他部門のメンバーとの交流**も積極的に行い、異なる視点を取り入れます。

③実験的なプロジェクトに積極的に参加する

会社が新しい試みやプロジェクトを始める際には、積極的に参加を志願します。自分の専門外の業務に関わることで、新しいスキルが身につき、広い視野を養うことができます。
これらの方法を通じて、自分の役割にとらわれず、組織のイノベーションに貢献すれば自身のキャリア発展にもつながっていきます。

POINT

●あえて自分の役割を超えた領分に挑戦し、積極提案することが成長につながる。

誰のため、何のための仕事か問い直す

ドイツの職場には、「仕事の目的や意義」を**定期的に問い直し**、確認する習慣があります。自分が行う仕事が誰のため、何のためにあるのかを意識することで、正しい方向性を見失わず、モチベーションを維持するのが狙いです。

目標への道を照らす質問

日々の業務を開始する前や、プロジェクトの段階が進むごとに、その仕事を行ううえでの目的や目標を明確に再確認します。といっても、やり方は簡単です。

次の質問を自分に投げかけてください。

まずは、プロジェクトを開始する前にする質問です。

Q 「このプロジェクトは、会社の大きな目標にどう貢献するのか？」

Q「成功するとは具体的にどういう状態を指し、それに必要な要素は何か？」
Q「成功すると会社や関係者にどのようなポジティブな影響をもたらすのか？」

そして、日々の終わりには、こういった質問を投げかけます。

Q「今日の仕事で、最も誇りに思える成果は何か？」
Q「今日学んだ新しいことは何か、それはどのように今後応用できるのか？」
Q「私の作業プロセスは効率的だったか、改善するとすればどこか？」

この質問によって日々の達成感を得ることができるだけでなく、良い答えが返ってきた場合、書き留めれば自己の成長にもつながります。

方向性を見失わないための質問

あなたの仕事に影響を受ける人々（クライアント、同僚、上司など）を意識し、彼らのニーズや期待を満たすために、どのようなアクションが必要かを考えるための質問です。

Q「私の仕事は誰にどのような価値をもたらしているのか？」

Q「私はチームや組織にどのように貢献しているのか？」

Q「自分の仕事の関係者にとっての価値は、どうやって高められるのか？」

このアプローチによって、自分の仕事がパズルでいうピースのひとつだという認識を持つことができ、「**関係者に貢献している**」実感がモチベーションを高めます。

人間には「周囲から受け入れられたい」という社会的欲求が生理的について回りますから、肯定的な答えが返ってくれば、これを自分で満たすことができます。

振り返りで自己評価をする質問

最後に、定期的に自分の仕事の成果を振り返り、それが個人やキャリアの成長にどのように寄与しているかを評価します。

そのためには、次の質問が効果的です。

Q「この成果は、私の長期的な目標にどのように貢献しているのか？」

Q「私の仕事は自分の価値観や情熱に合致しているのか？」
Q「今の自分に満足しているか、未来の自分はどうあるべきか？」
この質問に答えたのち、変化が必要、と感じた場合には、この質問をしてみましょう。
Q「もし失敗を恐れないとしたら、何を変えることができるのか？」
これらの質問に答えることで、自分の業務成果を正しく評価し、さらなる自己成長に必要となる行動が何か、他人のフィードバックがなくとも洞察することができます。
いつでも、どこでもできる自分への質問をぜひ活用してください。

POINT

- 「目標への道を照らす質問」で道を誤らない。
- 「方向性を見失わないための質問」で関係者の顔を思い出す。
- 「振り返りで自己評価をする質問」で成長につなげる。

ドイツ人が毎日欠かさずとる2種類のメモ

ドイツ人のビジネスパーソンに共通する習慣に**帰宅直前**と**出社直後**にメモをとることがあります。私も真似してみると、朝にスタートダッシュがかけられ、生産性が爆上がりする実感がありました。

「帰宅前メモ」が明日の航海図となる

帰宅前に何をメモするかといえば、「**翌日行うべきタスクのリスト**」です。

このリストは翌日の業務の「航海図」として機能し、朝の業務開始時に、何から手をつけるべきかを明確にしてくれます。

タスクは緊急度や重要度に基づいて作成しますが、「やることが多過ぎて、明日何から手をつければいいのかわからない！」というときもあることでしょう。

そんなときは、プロジェクトをパズルのように捉えることです。

①プロジェクトの目的と最終的な成果を明確にする＝パズルの全体像
②それを達成するための主なマイルストーンをいくつも設定する＝ピースの塊
③各マイルストーンを達成するために必要なタスクを洗い出す＝ピース
④それぞれのタスクに期限を設定する＝ピースをどこにはめるか

ドイツ人の同僚たちが、どんなに巨大で複雑なプロジェクトが始まっても決して動揺することがなかったのは、このようにパズルの全体像を把握し、それを形作るピースの塊をひとつひとつのピースに分け、それぞれに優先順位と期限を設定する習慣があったからでした。このプロセスを踏めば、翌日何をやるべきか明確になってくるはずです。

メモは「青色」で手書き

メモは自分さえ読めればいいので、**キーワードだけの走り書き**で十分です。

パソコンやスマートフォンのテキストメモでもいいのですが、手書きをおすすめします。両方試してみたのですが、手書きの方が、完了したタスクを横線で消していくときの感触に、なんともいえない「達成感」があるのです。

ちなみに、同僚のドイツ人たちは、**青色インクのボールペン**を好んで使っていました。理由には諸説あるのですが、青で書かれていると見やすいのは確かです。

早稲田塾創業者の相川秀希氏著『頭がよくなる　青ペン書きなぐり勉強法』（KADOKAWA）によると、青色には「**ストレスを軽減し、集中力を高める効果がある**」ということです。

日本では黒色インクのボールペンが一般的ですが、私はドイツで働き始めてからは、青色しか使っていません。青色で書かれたタスクリストを、赤色ボールペンで横線を引いて消していくと心地よいのでぜひ試してみてください。

スタートダッシュを助ける資料準備

「帰宅前メモ」をつけたら、そこに書かれたタスクを進めるために必要な資料やツールも準備しておきます。

例えば翌朝からプレゼンテーション資料を作成するタスクが入っていれば、**タイトルや基本構成**だけを作ったPowerPointのファイルをつくって、保存しておくのです。

翌朝、重要な会議の議事録係を任されているのであれば議事録用テンプレート（37ペー

一瞬で書ける帰宅前メモ

① 明日の取引先との商談資料の完成
② 週報提出
③ 輸出資料準備状況確認
④ 契約書のレビュー
⑤ 来週の会議のアジェンダ
⑥ 経費精算
⑦ 出張手配（翌月）
⑧ 業務プロセス効率化検討
⑨ データ処理 スキルアップ
⑩ 新規製品マーケティング戦略

ジ）や参考資料を、顧客訪問の予定があるなら訪問先の情報や移動ルート、交通手段、所要時間の把握をしておきます。

これらは**ものの数分**でできる作業ですが、準備しておくだけで翌日はタスクの大枠に従えば良く、午前中のスタートダッシュに貢献すること間違いなしです。

「朝の15分ロードマップ」

さて、翌日出社すると、机の上には青色でタスクが書かれた「帰宅前メモ」と、その助けとなる資料が準備されています。

すぐに仕事にとりかかりたくなりますが、ここでも書き出すべきメモがあります。

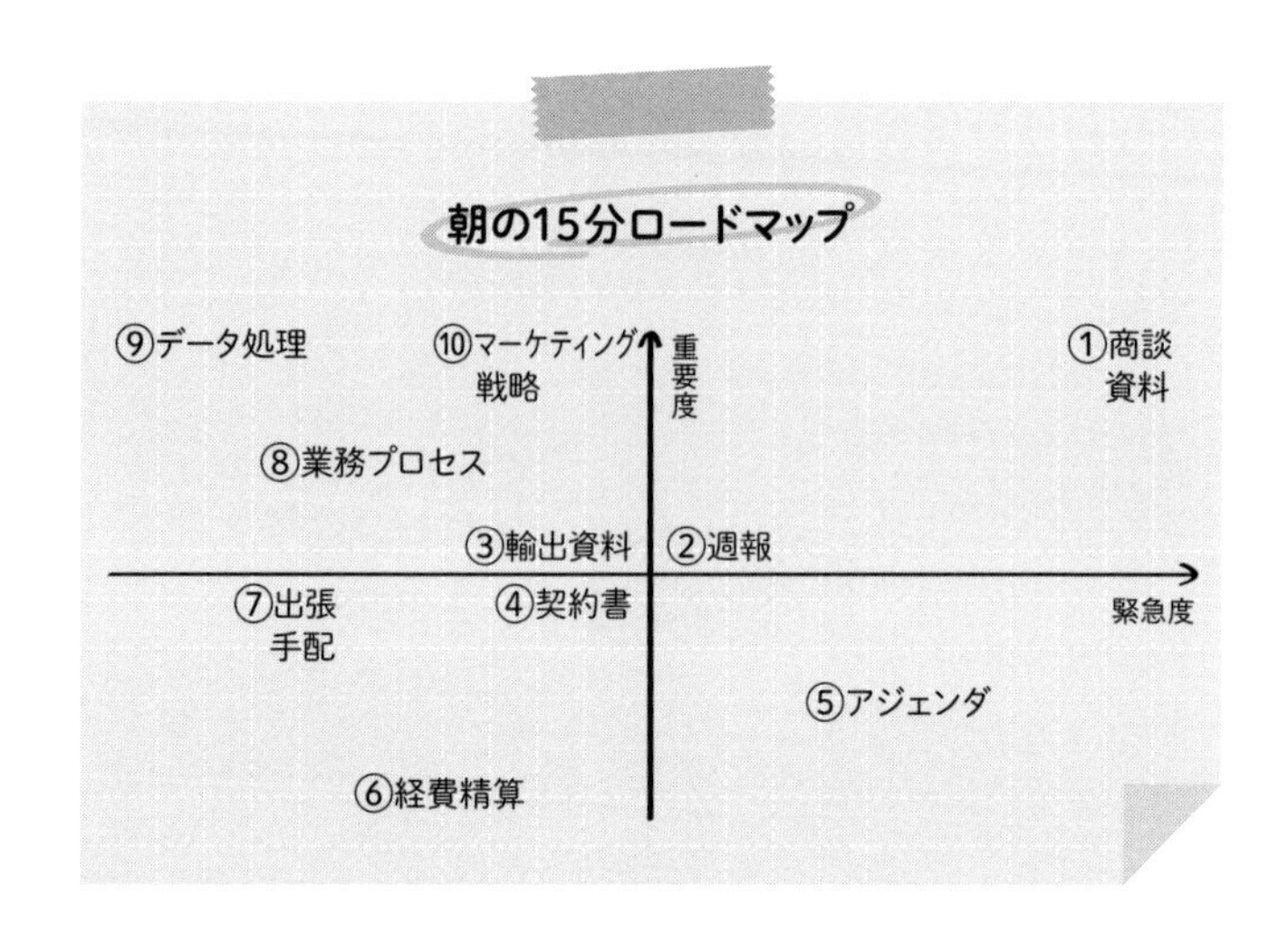

それが「朝の15分ロードマップ」です。

「帰宅前メモ」には、翌日やるべきタスクは書いてあっても、その優先順位や順番は書かれていません。そこまで追求していると、資料準備などに割く時間がなくなるからです。

そこで出社直後には、「帰宅前メモ」にあるタスクの所要時間を見積もり、**重要度と緊急度も考慮して、スケジュールに組み込んでいく**のです。現実的な時間配分と順番が決まったことで、1日のスケジュールはよりスムーズに進行していきます。

このように帰宅直前・出社直後のわずかな時間を使うだけで、翌日の仕事の質は格段に高まり、「今日は何から始めようか……」と朝から悩むムダな時間を削減することができます。

また、この習慣が身についてくると、仕事とプライベートを区切る儀式として機能し始めます。

「帰宅前メモ」で明日の準備を終えたことで、業務から意識が解放され、退社後のプライベートの時間を楽しむ「**オフへのパスポート**」を手に入れた気持ちになれるのです。

ぜひ日々の業務に、このドイツ流の朝夕のルーティンを取り入れてみてください。

POINT

- 帰宅前の15分で、青色インクで「明日やること」を書いておく。
- その際、「明日やること」の大枠だけつくっておく。
- 出社後の15分で「今日やること」の優先順位を決めスケジュールに組み込む。

第3章

メンバーの能力を引き出す「ドイツ式マネジメント」

組織を自走させるサーバントリーダーシップ

ドイツで働いていたある日のこと。

あるプロジェクトで行き詰まりを感じていた私は、深呼吸をして、思い切って上司のオフィスに足を運びました。

「すみません、ちょっと相談があります」

ドアをノックして部屋に入ると、木製の大きなデスク、壁には賞状と家族の写真。

上司は落ち着いた声で応じます。

「どうした、何か問題があるのかい?」


ドイツでは、仕事に行き詰まったり、大きな問題が発生したりした場合、気軽に上司に相談するのが普通です。勤務時間内に解決できないときは、**上司に丸投げ**して帰宅することも！　最初は、このような割り切りに戸惑いました。

しかし、上司は慣れっこで、臨機応変に対応してくれます。逆にいえば、それだけのスキル、経験、人間性がなければ組織の長にはなれないシステムになっているのです。

日本の職場では、自身の職務に求められる責任意識が非常に高く、**仕事は自分ひとりで完遂する**ことが要求されがちです。加えて、日本では職務の範囲があいまいで、自分の業務範囲外のことでも、無理して取り組んでしまうことが多いのではないでしょうか？

しかし、本来は、仕事に行き詰まったとき、自分の職務範囲外の業務が発生したとき、**上司をうまく活用**できれば、本来の仕事に集中でき、効率的に働くことができます。

実はこれは、上司にとっても良いことなのです。問題を溜め込んで大きくなり過ぎてから相談されても「もはや手遅れ」ということが多いからです。

上司は「召使い」？

「サーバントリーダーシップ」という言葉を聞いたことがあるでしょうか？

「サーバント」を直訳すると「**召使い**」になります。

文字どおり、リーダーがチームメンバーの成長と発展を最優先に考えて、彼らをサポートする〝奉仕型〟のリーダーシップです。

例えば、チームで登山をしていると考えてみてください。

サーバントリーダーは、先頭を歩くのではなく、チームメンバーが安全に登れるように後ろからサポートし、**必要な道具やアドバイスを提供する役割**を果たすのです。

上司がチームを回すことに徹するドイツ式のマネジメントは、まさにこのサーバントリーダーのあり方そのものです。

具体的なマネジメントの手法としては、生産性を向上させるとして近年注目されている**デリゲーション**が代表的です。これはリーダーが責任範囲内のタスクや権限をチームメンバーに委任することを指し、以下のような点が重要とされています。

ストレス管理

適切なタスク分散により職場のストレスを軽減する

リーダーシップとサポート

的確な助言やサポートで従業員の満足度を高める

職務の明確化

明確な職務定義で効率的な業務遂行を支援する

チームワークと成果

良いチームワークでプロジェクトの成功率を高める

日本では、管理職が実務もこなす「プレイングマネージャー」型のマネジメントが主流のため、いきなりドイツ式のマネジメントを導入することは難しいかもしれません。
しかし、彼らから学ぶべきスキルを取り入れ、**サーバントリーダーに近づく**ことはできます。本章では、そんなヒントを紹介していきます。

POINT

● メンバーの職務範囲外の業務をうまく引き受けるのが、ドイツ式の上司の役割。

意思決定では論理と感情とを分ける

仕事上の意思決定、特にマネジメントに関しては、論理と感情を切り分けることで、より合理的な判断が可能になります。このいわば「**ファクトベース思考**」のポイントを、私がドイツで学んだ経験から、３つに分けて解説します。

「論理エンジン」にスイッチを入れる

平時は穏やかに仕事に向き合えているのに、プレッシャーが高まると急に感情が先行して、冷静な判断が下せない、という経験はないでしょうか？

例えば、納期が迫る、突発的なトラブルが発生する、プロジェクトが遅延する……といった状態です。このようなときには、感情のスイッチをオフにして、論理のエンジンをオンにする技術が役立ちます。

その実践手順は以下のとおりです。

①事実と感情の分離

突発的な事件が起こり、感情が先行していることを自覚したら、即座に深呼吸をして心を落ち着かせます。まずは反応せず、事実に基づいて考える時間を設けましょう。

②データに基づく分析

意思決定に必要な情報やデータを集め、論理的な観点から分析します。できれば、データを視覚化してみることで、より明瞭な判断が可能になります。

③第三者の視点を取り入れる

主観的な感情にとらわれず、客観的な判断を下すために、信頼できる同僚や上司に意見を求めます。第三者の視点が新しい洞察をもたらし、感情から距離を置く助けとなります。

ドイツの職場では、「**事実、事実、事実！（Fakten, Fakten, Fakten!）**」というぐらい、ファクトが重視されます。まずは何が起きたのか、正しく把握しましょう。

激情に惑わされそうになったら

正しい意思決定を妨げる代表格が「怒り」です。チームのメンバーを前に感情が昂ぶり、きつい言い方をしたくなったりしたら、有名な「**6秒ルール**」の出番です。

心の中で、ゆっくりと1から6まで数を数えてみましょう。

怒りの気持ちは一時的なものなので、ひと呼吸置くことによって、波が引くように収まっていきます。

専門家の中には、6秒数えるだけではなく、**物理的にその場から離れてしまう**、という対処法を提唱している人もいます。確かに、目に入る景色を変えることは、一番の気分転換方法です。

感情に任せたやりとりをすると、その後の職場の人間関係、雰囲気に影響します。

ドイツの職場でも議論が白熱することはありますが、166ページで後述するように「**相手の人間性を否定しない**」のが引きずらないコツです。ファクトにフォーカスすることで、建設的な議論となります。

最後はファクトベースで判断

論理エンジンで事実を正しく認識し、当事者とスマートアプローチで落ち着いたやりとりができたら、いよいよ意思決定のステップです。

スピード感がある「トップダウン」で意思決定がされる傾向にあるドイツですが、その決断の前には、必ず以下に挙げるような**ファクトベースの意思決定プロセス**があります。

①事実に基づく意思決定

意思決定を行う前に、感情や個人的な意見を脇に置き、客観的なデータや事実に基づいて判断する。

②公平性の確保

公平で透明性のあるプロセスを通じて意思決定を行う。関係者全員が意見を述べる機会を持ち、その意見を必要に応じて決定プロセスに反映する。

③選択肢の比較と評価

採用可能なすべての選択肢を比較し、それぞれの長所と短所を評価する。例えば、コストと利益、リスクと報酬、長期的な影響と短期的な結果などの要素を検討する。

④反省とフィードバックの活用

意思決定の結果について、定期的に反省し、関係者からのフィードバックを受け入れる。成功した場合もそうでない場合も、その経験から学び、次回の意思決定プロセスを改善する。

あなたが職場で意思決定をする立場にある場合には、こうした手順に従ってみてください。正しい意思決定がなされると、メンバーは**納得感を持って行動に移る**ことができます。

POINT

- 意思決定の前に、まず論理と感情を切り分ける作業をする。
- ファクトベースの意思決定でなされた決断には、メンバーも納得してついてくる。

なぜ日本の組織は「空気を読む」のか?

日本では、ドイツ人に対し「従順」「物静か」といったイメージを持っている人も多いようですが、少なくとも職場では**常に活発な議論**が交わされていました。それぞれが自分の意見をしっかり持ち、それをはっきりと述べる姿勢が貫かれていたのです。

私がいた半導体の開発現場でも、設計上の課題に対してのアプローチについて議論がヒートアップすることはしばしばでした。

ひとりのエンジニアが、

「このエラーを修正するには、我々が使うべきツールは明らかにこれだ!」

と断言すれば、別の同僚がすぐに、

「いや、その方法は非効率だ。もっと良いアプローチがある!」

と反論します。

仕事の話で議論になるのは理解できるのですが、ときにはランチ中に、

「**これが正しいフライドポテトの揚げ方なんだ！**」

と、ひとりの同僚が力説し始め、別の同僚が反論して議会さながらの論争が展開されたときは面食らってしまいました。

高文脈言語と低文脈言語

対して日本人は「空気」を読んで調和を重視し、意見を間接的に表現することが多いように感じます。

例えば会議でも、上司は、

「**このプロジェクトについて意見がある人はいますか？**」

というように、出席者全体に対して間接的なアプローチをして意見を探ることが一般的ですが、ドイツでは、これまでも述べてきたように、個々人が自分の意見をはっきりと述べることが求められます。

「**このプロジェクトに対する、あなたの意見は何ですか？**」

という直接的な質問がなされ、それぞれが自分の考えを明確に伝えます。

「だから日本はダメなんだ」と言いたいわけではないのです。これは言語、文化、価値観などに根ざす**コミュニケーションスタイルの相違**からくるものなので、「良い・悪い」と断じられません。

言語ひとつとっても、一般に日本語は「**ハイコンテクスト（高文脈）言語**」で、ドイツ語は「**ローコンテクスト（低文脈）言語**」とされています。

ハイコンテクスト言語

言葉の意味は文脈や状況、話者と受け手の関係性などに強く依存し、非言語的な要素（表情、身振り、状況の理解）がコミュニケーションにおいて重要な役割を果たす。日本語や中国語などがこのカテゴリに属する。

ローコンテクスト言語

メッセージが直接的で、言葉自体に意味が明確に含まれている。言葉が具体的なので、文脈や状況を参照する必要はあまりない。メッセージはそのままの意味で理解される。英語やドイツ語などがこのカテゴリに属する。

つまり、ローコンテクスト言語は「**言葉そのものが重要**」であるのに対し、ハイコンテクスト言語は「**言葉以外の要素**（**表情、身振り、状況の理解**）**も同じくらい重要**」であるといえます。

このため、日本では暗黙の理解や間接的な表現が一般的であり、沈黙や暗示にも重要な意味が込められていることがしばしばです。いわゆる「空気を読む」「沈黙は金」といった言葉は、こうした背景から生まれたものといえます。

空気を読み合わないチームをつくるには？

とはいえ、ことにビジネスにおけるコミュニケーションについては、ドイツを見習うべき点が多いと感じます。

先に述べた、それぞれが明確に意見を出し合う議論の文化は、**ドイツの優れた工業を育ててきた要因のひとつ**だと私は考えています。技術の細部に至るまで議論を重ねることで優れた製品が生まれ、高い品質が保たれてきたのです。

最近の心理学の研究では、**明確なコミュニケーション**が組織内の意思疎通の効率を高めることが示されていますし、組織心理学の分野でも、**チーム内での意見の多様性**が、革新的なアイデアを生みやすいことがすでに明らかにされています。

昨今、日本でもフラットでフリーな議論の中から創造的アイデアを生み出すために、さまざまな取り組みがなされています。「心理的安全性」に注目が集まるのもうなずけます。

では、どうすれば日本の職場でも「空気」の読み合いから離れて、ドイツのように自由闊達な議論を交わす組織をつくることができるのでしょうか？

私は、激しい議論そのものよりも、ドイツ人がその後の関係性に議論を「**引きずらない**」ことに着目しました。次項でその点を詳しく解説します。

POINT

●日本はハイコンテクスト言語の国だからこそ、意見を言いやすくなる工夫が必要。

ドイツ人が激しい議論を引きずらないワケ

討論中のドイツの職場は、まるでオペラの劇場のようです。

各々の声が力強くオフィスに響き渡り、ときには激しいアリアのように情熱的な議論が交わされます。しかし、そのすべてが終わると、一転して和やかに楽屋で交流するのです。

このメリハリは、学校教育を通じて、異なる立場に分かれて討論する「ディベート」に親しんできたことが背景にあると思われます。

ヨーロッパにおけるディベートの技術の歴史は古く、**古代ギリシャ**にまでさかのぼることができます。古代ギリシャの哲学者・アリストテレスは『弁論術』において、人を説得するためには「**ロゴス**（**論理**）」、「**パトス**（**情熱**）」、「**エトス**（**倫理**）」の三要素が不可欠だと説きました。

ロゴスは論理的な説明、パトスは感情の表現、エトスは話者の信頼性を意味します。ドイツの職場での議論を聞いていると、彼らは呼吸をするように、この三要素を使いこなしていると感じます。

伝統的な弁論術を使いこなす

例えば2人のドイツ人技術者、アンドレアスとミヒャエルが、「プロジェクトを期日どおりに終える」ことについて熱心に議論しているとしましょう。

ア「ミヒャエル、このプロジェクトのスケジュールは非常に厳しい！　我々は、**予定どおりに進めるために、追加のリソースを確保する**必要があるよ」

ミ「アンドレアス、リソースを増やすとコストが上がる。予算内で管理することも重要だ。**多少予定から遅れても、予算を優先する**べきだよ！」

ア「そうは思わない。確かに予算は大事だが、遅延によるコストも考慮する必要がある。**遅れた場合の損失は、追加のリソースを投じるコストを上回る**恐れがある」

ミ「それは理解している！　しかし、予算の増加はクライアントにとっても我々にとっても望ましくない。**もっと効率的な方法でスケジュールを守る方法**はないか？」

ア「それなら、プロジェクトの各フェーズを再評価して、ムダを省くことから始めよう。そうすれば、**追加リソースなしで進められる**かもしれないよね？」

日本人からすると、その後のことを考えると、ここまで激しく議論することはためらわれますが、ドイツでは普通です。そして、議論が終わると、彼らは平然とコーヒーブレイクに戻り、昨日のサッカーの話で盛り上がるのです。

人間性を否定しないことがカギ

この議論を、さきほどのアリストテレスの『弁論術』で説かれた三要素で考えてみましょう。アンドレアスは「追加リソースの必要性」を、ミヒャエルは「予算の優先」を、**情熱的**（**パトス**）、**かつ論理的**（**ロゴス**）に主張しています。

さらに、2人とも**相手への信頼と尊重という倫理的**（**エトス**）**配慮**を欠かさずに、建設的な議論につとめています。

こうしたオープンで建設的なコミュニケーションスタイルが、従業員の満足度を高め、ストレスを減少させ、創造性とイノベーションを促進することは、いくつもの研究で証明されています。

日独でコミュニケーション文化に違いはあれど、こうした姿勢を取り入れていくことで議論が活発になるのではないでしょうか。

POINT

- 弁論術その1、論点を明確にする
- 弁論術その2、相手の意見をよく聞く
- 弁論術その3、相手の人間性は否定しない

同じミスを二度と起こさない仕組みづくり

ドイツの職場には、「**トラブルから学ぶ**」という文化が根付いています。

私自身の経験を例に挙げます。

ある日、重要な設計データを間違って変更するというミスを犯してしまいました。

そのときの上司・クラウスとの会話です。

私「クラウス、大変なミスをしました。元に戻すのに時間とコストがかかってしまいます」

ク「大事なのは、この**経験から学ぶ**ことだよ。システム改修をして、同じ過ちを繰り返さない仕組みをつくろうじゃないか」

私「でも、これだけのコストをかけることになります」

ク「これから起きるかもしれない大きなトラブルを未然に防ぐための、必要経費だよ。**問題は人ではなく、システムにある**からね」

このやりとりから、ドイツではトラブルを「個人のミスの尻拭いをする時間」ではなく、「**システムやプロセスの改善の機会**」と捉える文化があることに感銘を受けました。

このように、ドイツの企業では、問題発生時に個人を責めることなく、システムやプロセスの改善に焦点を当てる傾向にあります。

チェックリストを増やしても問題は解決しない

「**ISO 9001**」という国際規格があります。

ISO 9001は、国際標準化機構（ISO）によって設定された規格で、組織が提供する商品やサービスの品質向上を目的とした、顧客満足度を高めるための品質マネジメントシステムです。

組織運営におけるさまざまな側面をカバーしており、各プロセスの文書化、品質目標の設定、非効率性やエラーの継続的な改善、従業員のトレーニング、製品やサービスの監視と評価、顧客フィードバックの管理など多岐にわたります。

ドイツの職場では、このISO 9001の精神に基づいて、是正処置を徹底的に行い、業務品質の向上と効率化に重点を置き、仕事の属人化（プロセス・情報が個人から組織に共有されていない）を防いでいます。

一方、日本はといえば、トラブルが発生して対処した後の根本原因の特定と対策がまだまだ不十分だと感じます。

もちろん、トラブルの真の原因の特定と対策は、相当にレベルの高い仕事です。

なぜなら、ほとんどの場合、問題の原因は複雑に絡み合っており、それを解きほぐし、ひとつひとつに対策を講じていくのは時間も根気も必要な作業です。この対策についての訓練と経験が、関連実務のスキル以上に物を言います。

だからたいていの場合、トラブルが発生しても根本原因の特定と対策までは追求せず、「**とりあえずチェックリストの項目を増やしておくか**」という場当たり的な対処で終わってしまうのです。

そして、増え続けたチェックリストが減ることはありません。

なぜなら、トラブルが再発した場合、減らした者がその責任を問われるからです。あなたの会社でも、もはや何のためにチェックするのかわからない、「**チェックリストの屍**」が社内のサーバーに散乱しているはずです。

根本原因にアプローチする習慣

日本とドイツの、問題対策でのアプローチの違いを、高速道路を例に考えてみましょう。

日本では、高速道路の補修を**アスファルトによって一晩で仕上げて**しまったりします。この方法は、問題をすぐに解決して道路を使用可能にするので、一見良さそうに思えます。

しかし、この効果は一時的なもので、アスファルトの強度を考えると、何度も繰り返し行う必要があり、長期的には頻繁なメンテナンスとそれにともなうコストが必要です。

一方、ドイツでは、高速道路の損傷を修理する際はより時間をかけ、しっかりとした**コンクリートで補強する**のが一般的です。このプロセスは数ヶ月を要することもありますが、一度の修理で長期間の耐久性を持たせることができます。

ドイツの手法の方が、一度にかかる時間と労力は断然上です。しかし、長期的な視野に立つと頻繁な修理が必要ないぶん、日本のアプローチの方がトータルの手間、コスト、時間がかかる可能性が高いのです。

こうした場当たり的でない、**長期的視野に立ったアプローチ**は、どうすれば身につくのでしょう。日本の職場でもすぐに行動に移せるポイントをまとめてみました。

①「誰が」を忘れてみる

トラブルが発生したとき、当事者を非難せず、「誰が」をいったん忘れて「どうしてこうなったのか」をひとりで考えてみる。

②「なぜ」を問うてみる

日常的に起きる、トラブルといえないようなささいな問題に対しても、「なぜ起きたのか?」を1回でも多く問いかけ、考えることで、深い原因を探る習慣を身につける。

③解決策の効果を評価してみる

トラブルが起き、問題解決策を実行した後は、簡単でもいいのでその効果を検証・評価し次の行動に活かす。

ところで、日本の問題対策のアプローチについて欠点を指摘してきましたが、日本の中にも、世界でトップクラスの問題解決・対策の手法が確立しているところがあります。

それは、「**ものづくりの現場**」です。

ここでは、ドイツで行われているような手法が深く、隅々まで浸透しています。

例えば、トヨタ自動車で問題事象の根本原因を探る分析手法として使われている、「なぜなぜ」分析がそれです。

問題に対して、なぜそれが起きたのか原因を見極め、さらにその原因に対して「**なぜ？」を問うことを繰り返す**ことにより、その背後にある根本原因を突き止める手法です。

また「カイゼン（改善）」プロセスは国際用語にもなっています。

このように、ドイツ式の問題対策は日本人にはできない、ということは決してありません。自分の立場でできることから実践していきましょう。

POINT
- トラブルに際し、場当たり的にチェックリストを増やすだけでは根本解決しない。
- 日本のものづくり現場では「なぜ？」を繰り返すことによりカイゼンにつなげる。

トラブルをきっかけに チームを団結させる

ドイツ企業ではトラブルや困難を、システム改修の契機とするだけでなく、ポジティブに「**成長の機会**」とも捉えていました。私も現地での経験を経て、ピンチになっても「面白くなってきやがったぜ！」という心構えで、新しい学びの機会だと捉えられるようになりました。

そのマインドを、私なりにまとめました。

ピンチをチャンスに変えるマインド転換術

これまで私がドイツで働いてきて、トラブルと呼ばれるような事象にはたくさん遭遇しましたが、驚くことに、ドイツ人の同僚たちが動揺している姿を見たことがありません。

仕事をしていれば、どうしても理不尽な出来事に見舞われることはあります。

「最初の約束と違う！」
「納期どおりに届かない！」
「ツールのトラブルに見舞われた！」

こんなとき、ついつい動揺して、関係者や環境のせいにして非難の矛先を向けてしまいたくなりますが、ドイツ人の同僚たちは冷静に状況を受け止め、「**自分に今何ができるのか**」に集中し、行動に移していました。

そして、何より解決への道に向けたプロセスを楽しんでいるように見えました。

先述したように、どうやら彼らは、トラブルをネガティブな出来事としてではなく、自身のスキルや対応能力を向上させる機会として、前向きに捉えているようでした。

私も見習って、

「**面白くなってきやがったぜ！**」
「**ほう、そうきたか**」

などと意識的に唱えてみるようにしてから、心理状態が安定して状況を冷静に眺めることができるようになりました。実際、乗り越えられないほどの障害は発生しないものです。

そして、どんなに準備や予測をしていても、突発的なトラブルは避けられません。

重要なのは、起こってしまったことに動揺したり、後悔したりするのではなく、**どう対処するべきなのか**を考えて、行動に移すことです。

速やかなトラブル鎮火に必要なこと

個人だけではなく、チームにとっても同じことがいえます。トラブルや困難を全員で乗り越えることで、メンバー間の結束やコミュニケーションスキルを強めるきっかけになります。

重大なトラブルが発生した場合、まずチームでするべきことは、メンバー間での情報共有です。当事者に包み隠さずに事情を吐き出してもらいます。

抱え込まれたり、隠されたりすると、問題が複雑化して解決に必要な時間はどんどん長引くことになります。

つまり、「**火事が起きたら、〝ぼや〟のうちに消せ！**」ということです。当事者がトラブルの情報を共有しやすいよう、日頃からのコミュニケーションが大切になってきます。

また、問題が大きい場合には、メンバーでのワークショップも役立ちます。

108ページのホワイトボードや付箋を活用して問題の全体像をつかみ、解決策のアイデア出しをしましょう。それぞれが持つユニークなスキルや知識を源泉として、多様な視点で話し合えば、打開策が見えてきます。

困難を乗り越えてこそ得られるものがある

こうして、個人ないしチームでトラブルや困難な状況を乗り越えた後は、そこから得られた教訓を振り返ります。次に同様の状況に直面したときのための、**準備や改善策に活かすため**です。得られる教訓としては、次の3点に集約できるでしょう。

①柔軟な思考が身につく

トラブルや困難に対処する過程で、従来の手法にとらわれない柔軟な思考が促される。

②チームワークとコミュニケーションの強化

困難な状況をチームで乗り越えることで、メンバー間の結束が強まり、効果的なコミュニケーションスキルが培われる。

③レジリエンス（回復力）の向上

トラブルに対する前向きな姿勢が、個人およびチームのレジリエンスを高め、将来起こりうる困難に対しても、柔軟かつ迅速に対応できるようになる。

これらを得るためにも、トラブルが解決した後は、必ず振り返りの機会を持つようにしましょう。せっかく成功体験を積んだのに、それを蓄積しないのはもったいないです。トラブルは避けたいものですが、乗り越えたときに得られる学びや経験には計り知れない価値があります。

ぜひ今度、大きなトラブルに見舞われたときには、ひと呼吸置いて「**伝説残すぜ！**」くらいの気概で取り組んでみてください。

POINT

- ●トラブルに際しまず意識するのは、速やかな〝鎮火〟でいかに〝延焼〟を防ぐか。
- ●うまく困難を乗り越えれば、チームはより柔軟性を手に入れ強くなる。

完璧ではなく8割を目指す

ドイツ企業では、アウトプットの評価は**「完璧」であることより「実用的」**であることを重視します。ある日の同僚・ステファンとの会話が思い出されます。

ス「日本人は〝完璧〟を求め過ぎる傾向があるよね。こちらでは、完璧よりも実用的であることが大切。8割くらいでの完成度でいいところには、**あまり時間をかけないんだよ**」

私「確かに日本では、小さな部分にもこだわるからタスクが長引くことが多いんだ」

日本では「神は細部に宿る」という言葉があるとおり、このこだわりが「Made in Japan」の高品質なものづくりを生み出せた要因のひとつでしょう。しかし、これが過剰になると、仕事の進行が遅れたり、無用なストレスが生じたりします。

2割の努力で大事な8割をつくる

「**パレートの法則**」をご存じでしょうか？

経済学者のヴィルフレド・パレートの学説が応用されていったもので「**ある特定の要素2割が全体の8割の成果を生み出している**」という考え方です。

つまり、さきほどのステファンの発言にあった、実用的な「80％くらいの完成度」の仕事であれば、**20％の正しい努力によって達成可能**ということです。

裏を返せば、100％の完成度を目指すのが、いかに非効率なことかわかるというものです。では、どうすれば「20％の正しい努力」を行うことができるのでしょうか？

私が以前ドイツで携わっていた半導体設計の現場では、「**イテレーション**（**反復**）」という手法が使われていました。

これは、効率的で正確なチップ設計を達成するために重要なアプローチで、簡単にいえば、ラフな初期設計を使ったシミュレーションと検証を繰り返して、設計を目的に合わせて最適化していくものです。

その現場では、このイテレーションの考え方が、設計以外の仕事でも浸透していると感

じていました。皆さんおなじみの、仮説と検証を高速で繰り返す、PDCAサイクル（Plan［計画］、Do［実行］、Check［評価］、Action［改善］）と似た考え方です。

また、最近のソフトウェア開発の現場で用いられる「**アジャイル開発**」とも類似しています。これは迅速なプロトタイピングと継続的な改善を重視する手法です。

大規模な計画を長期間にわたって実行するのではなく、小さな段階ごとに頻繁に成果を出し、それを基に次のステップへと進みます。

これにより、変化に柔軟に対応しながら、効率的にプロジェクトを進められます。

こうした考え方は、あなたの働き方、または働かせ方に、すぐに応用できます。

例えば、あなたが部下にプレゼンテーションに使う資料の作成を頼むとしましょう。その際、最初から完璧なものを作らせようとすると、多くの時間と労力がかかります。しかし、最初は大まかなアウトラインから始めて、ごく初期のドラフトから自分や同僚がチェックし、フィードバックを取り入れてもらって**段階的に完成させていく**ことによって「80%の完成度」に最短でたどりつくことができます。

軌道修正にも柔軟に対応可能

このイテレーションのアプローチは、急な方針変更や追加要求にも強いという特徴があります。

例えば、あなたが突然「プレゼンテーションの方向性を変えたい！」と思いついたとき、初期段階から資料を練り直すのは大変です。

しかし、イテレーションを用いていれば、すでに複数の段階ごとにフィードバックを受けているため、**変更が必要な段階に立ち戻る**だけで、効率的に修正を加えることができます。

完璧を目指すのではなく、実用的な「80％の完成度」を目指すドイツ流のアプローチは、仕事の工程を工夫するだけですぐに取り入れられるワークスタイルです。

ぜひ参考にしてください。

POINT

- メンバーには完璧な作品を求めず、2割の努力で8割の成果にアプローチさせる。
- 段階的な完成を目指す「アジャイル開発手法」を取り入れると手戻りが減少する。

バックアップシステムが業務の属人化を防ぐ

ドイツの職場の朝。

いつものように私がオフィスに入ると、和やかな会話が聞こえてきます。

「ところで今日はマリナが病欠だけど、大丈夫かな？」

ドイツでは、**病欠は有給休暇に含まれず**、体調が優れない場合、ときには出社しないように奨励されています。**３日までの休暇は、医師の診断書すら必要ありません**。

そうした制度があるうえ、従業員にふんだんに有給休暇が与えられているドイツでは、人員不足が起こることは珍しくありません。しかし、実は業務が止まることはほとんどないのです。

その秘訣は、業務プロセスが明確に文書化され、マニュアルとして整備されていることにあります。アクションアイテムはチームで共有され、マネージャーもメンバーのタスクを把握しています。

個人が仕事を抱え込むことなく、仕事の属人化を避ける体制が整っているのです。

さらに、ドイツの職場では、ある程度の余裕を持ったリソース管理が行われています。

つまり、普段から、マンパワーにある程度の余裕を持たせた組織づくりがされているのです。これが、緊急時でもオペレーションを継続できる「バックアップシステム」です。

バックアップシステムはあって当たり前

驚かれたかもしれませんが、こうした取り組みははたして特別なことなのでしょうか？

仮に、あなたが医療業界で働いているとしましょう。

緊急時のバックアップシステムは必ず存在するはずです。なぜなら、それは**患者の命を救うためになくてはならない仕組み**だからです。当直の医師の他に、緊急時に対応するために自宅待機をしている医師がいます。

また、病院の機器を動かす電力は、電気の供給がストップしたとしても非常用電源が作動して、手術などが続けられるようになっています。

ＩＴ業界にしても、ハードウェアの故障やサイバー攻撃に備えて、データのバックアップやリカバリー対策が万全に組まれています。

航空業界における飛行機内部のシステムには、機器の故障に対応するために、二重、三重の安全対策が組み込まれています。

スポーツ界ではどうでしょうか？

たいていのプロスポーツチームには、必ず控えの選手がいます。

レギュラーメンバーが試合途中で怪我をしたときや、親族の不幸で緊急離脱したときに備えてです。サッカーのゴールキーパーが怪我をしたからといって控え選手がいなかったら大変なことになってしまいます。

「**人員の不在**」を真剣に想定していれば、システムを整備して然るべきなのです。あなたの職場にバックアップシステムがないとしたら、実はそれは、とても不思議なことではないでしょうか？

日本でもすぐにできる取り組み

とはいえ、「ウチにはそんな余裕などない！」という声が聞こえてきそうです。

日本では、仕事の手順やノウハウで個人に依存している場合が多く、**マネージャーもメンバーの細かい業務状況を把握していない**ことすらあります。

人的リソースが限られているため、常にギリギリの状態で業務を回していることが少なくありません。これによって、多少体調が悪くても無理して働いてしまい、結果として、効率が悪くなる、ということはないでしょうか？

この悪循環を解消して、どこかで違うサイクルにしていくきっかけが必要でしょう。

あなたがチームのメンバーの働き方をある程度差配できるのだとしたら、なおさらです。

第4章でも詳述しますが、バックアップシステムを構築するために、すぐにでもできる行動のポイントを紹介します。

タスクの「見える化」

メンバーが抱えている業務の「棚卸し」をしてみる。まずは全部書き出す。

タスクの「分類」

書き出したタスクを、「緊急度」「重要度」「個人依存度」で分類してみる。

・タスクのバックアッププランを検討する

「緊急度」「重要度」が高く、なおかつ「個人依存度」が高いタスク（194ページ）について、その個人が不在の場合のバックアッププランを上司やチームメンバーと相談する。

こうすることで、急病などの突発的なアクシデントでメンバーが不在となってもすぐに対応できる体制が構築できるでしょう。

POINT

- バックアップシステムが作れないというのは思い込み。医療現場などでは当たり前。
- システム構築の第一歩は、メンバーの個人依存度が高いタスクの洗い出し。

第4章

ドイツ式×日本
ハイブリッドワークスタイルのススメ

仕事の棚卸しで「見える化」する

これまで見てきたように、ドイツの業務プロセスには「**明確な文書化**」という特徴があります。その点、日本は個人の裁量に依存している度合いが強いのですが、**これが完全な悪かというと、そうでもありません。**

双方のワークスタイルを融合すれば、新しいハイブリッドワークスタイルを創出するチャンスになるはずです。本章では、そんな日独の「いいとこ取り」を日本の職場で実現するためのヒントを提供したいと思います。

まずは、改めて、ドイツの業務スタイルの傾向をまとめます。

ドイツスタイルの特徴

・業務プロセスが詳細に文書化され、業務マニュアルが整備されている
・チームメンバーは文書化されたプロセスに沿って業務を進める

メリットとしては、業務プロセスが文書化されているので、新入社員や他部門のメンバーでも、プロジェクトの流れや自分の役割、期待される成果をすぐに理解できます。

例えば、製品開発のプロジェクトの場合は、設計から製造、マーケティングまでの各ステップが明確に文書化されています。これにより、各チームメンバーは**自分の責任範囲と期限**を正確に知ることができます。

デメリットとしては、市場の変化や技術革新に迅速に対応する必要がある場合、厳格に文書化された業務プロセスは柔軟性を欠き、適応が遅れがちな点が挙げられます。

例えば、ソフトウェア開発の現場です。

開発中に、重要なクライアントから「システムに新しい機能を追加してほしい」と要求があったとします。この変更に対応しようとする場合、文書化された業務プロセスに固執すると、変更を実施するのに、当然時間がかかります。

日本スタイルも悪いことばかりではない

続いて日本スタイルの特徴です。

日本スタイルの特徴

・業務は個人に依存している場合が多く、業務プロセスの文書化が不十分なことがある
・マネージャーもメンバーの細かい業務状況を把握していないことが多い
・コミュニケーションは密であり、情報は非公式な会話を通じて共有される傾向がある

こちらのスタイルでは、**市場の変化や技術革新に迅速に対応できる**柔軟性があります。先述のソフトウェア開発の現場で、クライアントの要望が急に変わった場合でも、非公式なコミュニケーションとチームメンバーの頑張りで、なんとか対応できてしまうでしょう。

反面、デメリットは、業務が十分に文書化されていないため、**新しいメンバーが業務の全体像を把握するのに時間がかかる**点です。

これにより、新入社員や、新たにチームに加わったメンバーのトレーニング期間が長くなり、生産性の低下につながることがあります。何度も指摘しているとおり、仕事の属人性が強化され、休みにくくなるのも欠点です。

「見える化」で日独ハイブリッドワーク

日本の良いところを活かしながら、ドイツの利点を取り入れるハイブリッドワークを実現するために持ってこいなのが、本書で何度か触れた「バックアップシステム」です。

個人のレベルでは不在中でも同僚に仕事を任せられるので休暇をとりやすくなり、組織レベルにおいては、仕事が属人化しないためリソースの配分に柔軟性が増すというメリットがあります。

それでは、効率的なバックアップシステムを構築する手順を説明します。

①タスクの「見える化」

まずは、自分が抱えているすべての業務をリストアップします。

これには、日常的な業務から、期限が迫っているプロジェクト、さらには長期的な目標まで含まれます。ホワイトボードやマインドマップ、デジタルツールを使用して、すべてのタスクを視覚的に表現します。

タスクの「見える化」

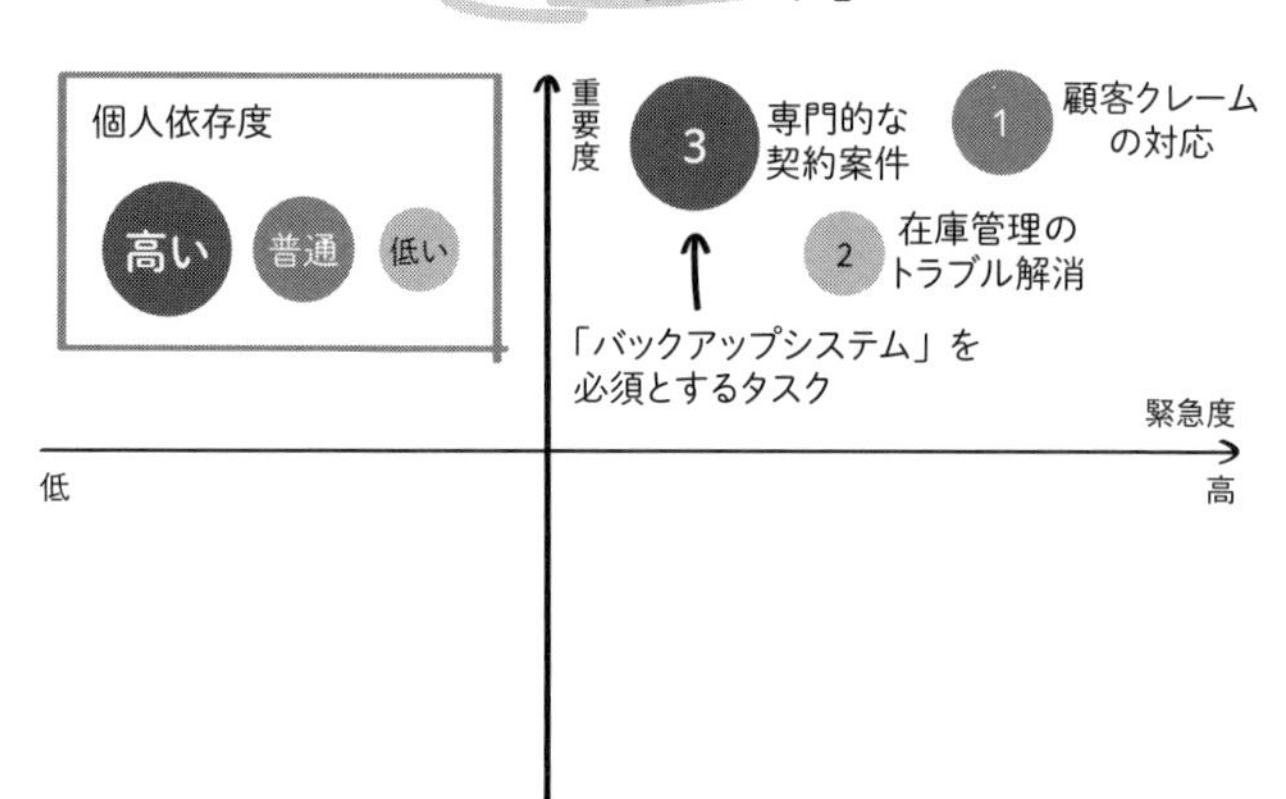

②タスクの分類

次に、リストアップした業務を、縦軸を「**重要度が高い／低い**」、横軸を「**緊急度が高い／低い**」で分けた**四象限**に振り分けてください。

つまり、「緊急かつ重要」「重要だが緊急ではない」「緊急だが重要ではない」「緊急でも重要でもない」の4つのカテゴリが生まれることになります。

これは「**時間管理のマトリクス**」といって、世界的なベストセラー『7つの習慣』（キングベアー出版）の著者スティーブン・R・コヴィー氏が提唱したタスク管理法です。

そのうえで、四象限に振り分けられたタスク群のひとつひとつの「個人依存度」を「**高**

い／普通／低い」の3段階で分類します。この際、特に右上の「緊急度・重要度が高い」象限にあるタスクの分類を注意深く行いましょう。

③タスクのバックアッププランを検討する

これまでのステップで、あなたが「緊急度・重要度が高く、個人依存度が高い」と分類したタスクこそ、バックアップシステムを必要としているものです。

「**私にしかできない大切な仕事なのに!?**」と思われたかもしれませんが、その思い込みこそ、あなたを縛り付けているものです。ここにメスを入れ、不在時も業務が滞らないように、マニュアル化しておくことで、心置きなく休めるようになると思いませんか？

メンバー間の密なコミュニケーションはそのままに、バックアップシステムを整備するこのハイブリッドワークが実現すれば、**相互理解が進んだメンバー同士でバックアッププランがやりとりされ**、チームワークの強化と生産性の向上が同時に達成されるのです。

POINT

- もっとも緊急かつ重要で、自分にしかできない仕事こそ、代わりが必要な業務。

カフェ「ワイガヤ」スペースの創出

職場におけるコミュニケーションの促進は、チームワークの強化と生産性の向上に不可欠です。

ドイツでは、「**カフェ**」**スペースがこの目的を果たしている**ことは、すでに述べました。ちょっとしたスペースがあるだけで、メンバー間のコミュニケーションは活性化し、新しいアイデアや問題解決策がカジュアルな会話から生まれることが、何度もありました。

一方、日本では過去に「**喫煙室**」や「**給湯室**」が非公式なコミュニケーションの場として機能していました。しかし、これらは特定の属性を持ったメンバーに限られ、喫煙率と「お茶くみ」的な業務の激減を通じて、役割を終えつつあります。

日本のオフィスにもフリースペースの導入が増えつつある今、ドイツの「カフェ」スペースのような空間を作るには何が必要なのでしょうか?

「ワイガヤ」スペースの要件

注意したいのは、社内に「カフェ」スペースを導入したとしても、結局、同期や顔見知り、共通の話題を持つ人同士でのコミュニケーションに終始することがある点です。

そこで使えるのが、日本発の「**ワイガヤ**」という形態です。

本田技研工業（Honda）で行われていた、社員間の自由な意見交換や情報共有のための場のことで、創業者である本田宗一郎が大切にしていました。

「ワイガヤ」という名は、役職や年齢に関係なく、社員が「ワイワイ・ガヤガヤ」と自由に意見交換できることからきています。

この「ワイガヤ」によって、次々と新しいアイデアが生み出され、本田技研工業は「世界のHonda」となったといっても過言ではありません。

この「ワイガヤ」のポイントは、**役職や年齢の垣根がない、フラットなコミュニケーションである**、ということです。さまざまなバックグラウンドの人たちが集まることで、知識の共有や新たな学びの機会が得られます。

日本の職場でも、気軽な雑談からチーム内の情報共有や連帯感が生まれる、カフェ「ワイガヤ」スペースを導入するアイデアはどうでしょうか？

社員が気軽に集まれる開放的なコミュニケーションスペースを提供するのです。

このスペースの目的は、異なる背景を持つ社員同士で理解を深め合うこと、また、カフェ「ワイガヤ」スペースでの会話から生まれるアイデアや意見を、組織全体で共有し、実際の業務改善やプロジェクトに活かすことです。

具体的には、このようなイメージです。

①空間デザイン（環境）

オープンな空間設計で、自由に入退場できるカフェスタイルを採用します。インテリアはリラックスできることを重視し、カジュアルなミーティングや休憩に適した家具（ソファ、カウンター席など）を配置します。

無線ＬＡＮ、電源、プレゼンテーション用の大型モニターかスクリーンなどのＩＴインフラに加え、コーヒーマシンやリフレッシュメントコーナーもあれば言うことなしです。

②文化活動（交流促進）

交流イベントや社内セミナー、ワークショップを定期的に開催し、ランチミーティングやカジュアルな議論にも活用します。

③アイデアの集約（創造性刺激・活用）

アイデアボックスを設置し、社員からの提案やアイデアを収集します。

この日本発の「ワイガヤ」スタイルを導入したハイブリッドな、カフェ「ワイガヤ」スペースなら、単なる休憩スペースではなく、社員のコミュニケーション、協力、そしてイノベーションを促進する**活動的な場**へと変貌することでしょう。

POINT

● コミュニケーションスペースは、あるだけではアイデア創出に寄与しない。

仕事を「フロー型」から「ストック型」へ

あなたは、あらゆる仕事が**フロー型**と**ストック型**の2種類に分けられる、と意識したことがあるでしょうか？

ここでの「フロー型」とは、「flow（流れる）」のとおり、その場の状況をなんとかするだけの仕事です。こなしたとしても、**後に何も残らない仕事**のことを指します。

一方で、「ストック型」とは、「stock（蓄え）」のとおり、こなした仕事が「資産」となり、**後々まで利用できるようになる**ものです。

あなたの働き方が以下のようなものだったとしたら、仕事のほとんどが「フロー型」になっている可能性があります。

・上司や同僚に頼まれるままに仕事をしている
・緊急時の対応に日々忙殺されている

・手慣れた仕事を黙々とこなしている

「フロー型」を徹底排除するドイツ

その点ドイツ人は、「**ムダになる作業は一切しない**」というマインドを持っています。よって「フロー型」の仕事を徹底排除する習慣があるのです。

私が、ある製品の開発で、ドイツ人と働いていたときのことです。

開発に関係するデータに不具合が判明しました。いわゆる「バグ」と言われるものです。私はプロジェクトの緊急性を考慮して、マニュアル（手動）で修正プログラムを追加する「ホットフィックス」という手法を提案しました。

ところが、ドイツ人の同僚は、ソフトウェア開発の上流まで遡り、根本的な対策をすることを主張したのです。

激しい議論となりましたが、結果的に同僚の言うとおり、時間をかけて原因を解明し、不具合が起きないようにプログラムを修正することになりました。

後になってわかったことですが、この根本対策をしていなかったら、**その後も同様の不具合に見舞われた**ところでした。

そうなっていたら、そのつど時間をかけて手作業で修正することになっていたはず。場当たり的な「フロー型」の対策を避けたことで、生産性を損なわずに済んだわけです。

やや専門的な話になってしまいましたが、似たようなことは、あなたの日々の業務中にも起こっているはずです。病気の治療に例えると、「対症療法」と「根本治療」の違いといえば、わかりやすいでしょうか。

このときに感じたことですが、私を含めた日本人は、問題が発生した際、とにかくその場を収めるために、**思いつきの対応をしてしまう**傾向にあると思います。

一方で、**常に効率性を追い求める**ドイツ人は、全体像を意識し、長い時間軸で考え、ベストな解を導き出しているのです。

これこそが、「フロー型」と「ストック型」の仕事のやり方の違いです。

では、もしあなたの仕事のほとんどが「フロー型」で占められているとしたら、どのようにして「ストック型」に変えていけばいいのでしょうか?

その手順を、わかりやすく**5つのステップ**に分けます。

①考える時間を確保する
②業務の全体の流れを文書化する
③業務を「定型業務」と「非定型業務」に分類する
④「定型業務」をマニュアル化する
⑤「定型業務」を自動化、もしくは人に任せる

仕事を「ストック型」に転換する5ステップ

では、さっそくひとつひとつ見ていきましょう。

①考える時間を確保する

「日々の業務が忙し過ぎて、そんな時間はとれない！」

という声が聞こえてきそうです。

しかし、あなたは、日々の時間の使い方の中で、余裕がただの1分もない、と言い切れるでしょうか？「ストレス発散」と自分に言い訳をして、だらだらテレビを見たり、意味もなくスマホを触ったり、ゲームに興じたり、という時間はないでしょうか？

もし、あなたが本気で働き方を変えたいのであれば、時間の使い方から「棚卸し」をする必要があります。194ページの「**見える化**」の手法を使って、考える時間を確保することから始めましょう。

②業務の全体の流れを文書化する

頭の中に「なんとなく」入っている、自分の業務の全体像を書き出してみましょう。見た目が整っている必要はなく、手書きの図やメモ程度でまったく問題ありません。

業務の全体像を書き出すと、**仕事の上流と下流**が見えてきます。さきほどのソフトウェア開発の例のとおり、不具合が起きたときに上流にアプローチできれば、今後同様の不具合で必要になる対策の時間が節約できるかもしれません。

また、書き出した業務のリストはステップ③につながります。

③業務を「定型業務」と「非定型業務」に分類する

「**定型業務**」とはいわゆる「**ルーティンワーク**」のことです。

ある手順が決まっていて、それを繰り返し、確実にこなすことが求められる業務です。

一方、「**非定型業務**」については、**突発的に発生する事象**、例えば、アクシデント対策やクレーム対応などのことを指します。

まずは、ここ1ヶ月のあなたの仕事を振り返ってみて、「定型業務」と「非定型業務」に分けてみます。そして、それぞれに費やした時間をざっくりと計算してみてください。

先に言っておくと、「定型業務」を効率化することで、「非定型業務」は確実に減っていきます。それが、より「**考える時間**」を生み出し、新しいアイデアを生み、さらなる生産性の向上につながっていくのです。

④「定型業務」をマニュアル化する

「定型業務（ルーティンワーク）」を、**誰にでもわかるように**マニュアル化しましょう。

「誰にでもわかるように」というのがポイントです。あなたが今、考えなくても自動的にこなせているような業務を、他の人でもできるように文書化するのはそう難しいことではないはずです。これにより、業務の「属人化」が避けられます。

なんらかの事情で業務を引き継ぐときにも便利です。また、不在のときのバックアップが容易になり、**有給休暇をとりやすくなる**というメリットもあります。

⑤「定型業務」を自動化する、もしくは人に任せる

「定型業務」を誰にでもわかるようにマニュアル化してしまえば、「自動化」が進み、**人に任せやすくなります。**

自動化については、RPA（Robotic Process Automation の略で、ホワイトカラーのPC上の業務をロボットが自動化するテクノロジー）のサービスが次々に登場していますし、「人に任せる」については、同僚や部下に限らず外部発注も考えられるでしょう。

この5ステップで、あなたの仕事を「フロー型」から「ストック型」へ移行していきましょう。どんどん時間が増えて、**人生を上向きのスパイラルに**入れることができます。

まずは、あなたの仕事の3割を「ストック型」に変えることを目標としましょう！

POINT

- 「フロー型」の仕事を続ける限り、いつまでも忙しい状況はなくならない。
- 「ストック型」の仕事を増やすと、人は成長のスパイラルに入ることができる。

出世は目指さず、個を磨く「自分ブランド化」計画

現代のキャリアにおいては、出世だけが成功の道ではありません。どんな大企業に属していようと、環境の変化の前では安泰ではないからです。

環境の変化に対応するには、「○○社の□□」という立場ではなく、自分個人で人材としての市場価値を持つ「**××の専門家の□□**」として認知される必要があります。いわば、独自の「自分ブランド」です。

本項では日本でそれを実現させるためのアプローチを解説したいと思います。

「I型」「T型」「V型」人材

一般に、市場価値のある専門性を持つビジネスパーソンは、「I型」「T型」「V型」に大別できるとされています。

「I型人材」は、**狭い範囲での深い知識**を持ち、その分野で高度な専門性を発揮します。このタイプは、特定の分野の深掘りと精密な作業に優れており、縦長の「I」の字のように、ひとつの軸に沿って深く探求する能力があります。

「T型人材」は、ひとつの分野での深い専門知識（縦の棒）をベースに、他分野にわたる幅広い知識（横の棒）を併せ持ちます。このバランスのとれたスキルセットにより、多角的な視点を持ち、**異なる分野の専門家とも効果的に連携します**。

「V型人材」は、その形が示すように、ひとつの分野における深い専門知識と、その分野に接続する他分野に関する理解も兼ね備えています。このタイプの人材は、特定の専門分野を核としながらも、関連する分野にも目を配り、より**広い視点からの問題解決やプロジェクトの推進を得意とします**。

この人材パターンに従って、ドイツと日本のスタイルの違いを表してみます。

ドイツスタイルの特徴

・「I型」人材の育成に重点を置く
・専門性とプロフェッショナリズムを重視
・職業教育と実践的な訓練に重きを置く職業観

日本スタイルの特徴

・「I型」「T型」「V型」のどれにもなり切れない、社内業務に特化した「ジェネラリスト」の育成に重点を置く
・協調性とチームワークを重視
・安定性と長期雇用を基本とする職業観

ここまで述べてきたように、ドイツの産業界は伝統的に「I型」の専門家を育てるべく、マイスター制度に象徴されるような高度なプロフェッショナリズムを重視してきました。

一方、日本は長らく所属企業内でのみ活躍可能な「ジェネラリスト」の育成に力を注いできましたが、**彼らに専門性がないわけではありません。**

冒頭で触れた「自分ブランド化」のアプローチ次第で、「I型」「T型」「V型」人材になりうると私は考えています。

では、具体的に、「自分ブランド」を立ち上げる手順を見ていきましょう。

スキルをガラパゴスからポータブルへ

日本企業で鍛えられたジェネラリストたちを専門家人材に飛躍させるには、専門知識とは別に、それぞれが社内で発揮している能力が、「**ガラパゴススキル**」にあたるのか、「**ポータブルスキル**」にあたるのかの見極めが重要です。

この2つは本書オリジナルの概念ですので、それぞれ解説します。

「ガラパゴススキル」とは、**特定の会社や部署の中でのみ有効なスキル**です。社内で高度にカスタマイズされたITツールの操作など、特定の環境に依存する技能で、他の組織や業界では通用しないため、キャリアの転換をするときに役立ちません。

「ポータブルスキル」は、**多様な職場や産業で通用する汎用性の高いスキル**です。コミュニケーションスキル、リーダーシップ、問題解決能力、学習能力などを指します。簡単にいえば、仕事を効率的かつ楽しくするための基本的能力です。継続的な実践と経験を通じて、習得すれば一生もののスキルとして残ります。

特定の環境でしか力を発揮できない「ガラパゴススキル」から脱却し、市場で広く求められる「ポータブルスキル」に転換することで、はじめて専門知識が輝くのです。それを私は「自分ブランド化」と定義しています。

自分ブランドのスキル・トランスフォーメーション

「自分ブランド化」のプロセスでは、ピボット、つまり、既存の専門知識やスキルを活用しながら、**キャリア形成の方向性を柔軟に変えていく**ことが求められます。

①「ガラパゴススキル」の特定と評価

社内でしか通用しないスキルを認識し、その価値と将来性を冷静に評価します。社内限定のスキルに依存することなく、外部での活躍も想定したキャリアプランを立てます。

②「ポータブルスキル」の強化と拡張

コミュニケーションスキル、リーダーシップ、問題解決能力など、あらゆる環境で価値を発揮するポータブルスキルに投資します。継続的な学習と自己改善により、これらのスキルを磨き、自分ブランドの核とします。

③キャリアの「ピボット」実践

現在の専門知識や経験を土台として、新たな分野や役割に挑戦します。ピボットする際は、過去の経験とスキルが新しい環境や職務にどう適用できるかを考え、意図的にキャリアの方向性を変えていきます。

こうして自らの**強みと市場の需要を橋渡し**することにより、持続可能なキャリアと「自分ブランド」の成長を実現するのです。専門知識以外のスキルに焦点を当て、柔軟にキャリアの方向性を考えることが、市場価値の最大化への近道です。

POINT

- 「ガラパゴススキル」に特化せず「ポータブルスキル」を高める人材が生き残る。

あえて空気を読まない「自発的KY人間」を目指す

日本人の「空気を読む」という特性は、**調和と協調を重視している**ことの表れといえます。しかし、ときに意思疎通の機能不全や決断の遅れを引き起こすことは、これまでも指摘してきたとおりです。

一方、ドイツの職場文化では、**明確な意思表明と、激しい議論の末の合理的な意思決定**が重視されます。

文化的な違いを理解したうえ、双方の長所を融合させる――ここでは我々が**ドイツ人の長所を取り入れる**には、どのような取り組みが求められるのでしょう。

「空気を読めるが、読まない」という選択

そのために私が提唱したいのが、「自発的KY人間」の育成です。

通常、「KY（空気が読めない）」はネガティブな意味合いで使われる言葉ですが、自発

的ＫＹ人間は違います。

その場の空気が読めており、どう振る舞えば衝突が避けられ、責任を引き受けなくて済むかをわかったうえで、必要な場面では「**あえて**」その選択肢に流されず、自分自身の信念や価値観に基づいて行動できる人を指します。

「自発的ＫＹ人間」になれる人材の育成は組織において多様性とイノベーションの源泉となり、成長・成功に寄与するでしょう。こういった人材を育成するには、ただ「空気を読むな！」と命令するだけではいけません。

企業文化やシステムを整備しなければなりません。

では、その具体的な手順を見ていきましょう。

①個人の強みと価値観の発見ワークショップ

各社員ごとに、自身の強みを発揮でき、情熱を傾けられる分野を理解してもらい、仕事における「自分軸」を確立させます。才能診断ツール「ストレングスファインダー®」などを活用した自己評価も有効でしょう。

そのうえで、グループセッションを通じて、個々の価値観や目標を共有し、相互理解を深めます。

②「自分軸」に基づく目標設定とアクションプラン作成

各社員に「自分軸」に基づいた年間目標と、四半期ごとのアクションプランを作成してもらい、定期的に進捗を確認して、目標やプランの調整を行います。

③メンタリングとピアサポートプログラム

目標やプランの調整は、各社員に割り当てた経験豊富なメンターと定期的な面談を通じて行い、自分軸を持ちつつも周囲との調和を図りながら自己成長を促進します。ピアサポート（同じような悩みを持つ人たち同士で支え合う）グループを設け、同僚同士での経験共有や相談を促します。

④イノベーションと実験を奨励する文化の醸成

職場において、新しいアイデアを試し、失敗を恐れずにチャレンジする文化を育てます。

「イノベーションタイム」を設定し、社員が日常業務から一定時間離れ、新しいアイデアやプロジェクトに取り組む時間を確保します。失敗から学ぶことを奨励し、失敗を経験とみなすポジティブなメッセージを発信します。

こうしたプログラムを通じて、社員ひとりひとりが自分なりの強い軸を持ち、それに基づいた行動をとることができる「**自発的ＫＹ人間**」を育成します。

彼ら・彼女らは、メンターや同僚と目標や価値観を共有する過程で、調和や協調といった日本的なスタイルを堅持しつつも、いざというときには、個性や強みに裏打ちされた自分軸から、革新的なアイデアやソリューションを組織にもたらす人材になるはずです。

POINT

●空気は読めるが、あえて読まない選択をできる人材こそ、日独最強のハイブリッド。

おわりに

日本の知人と話していると、よく話題にのぼるのが、

「日本人とドイツ人の気質って、とても似てるんだってね？」

という共通認識です。本書を読んでいただけたあなたには、両者は実のところ、似て非なるものだということが、よく理解できたかと思います。

「働き方」という点に限ってみても、〝勤勉さ〟は共通しているものの、その**内実がまったく異なる**ことは何度も述べてきたとおりです。

そして、日本人の捉え方とは別の意味での〝勤勉さ〟に基づく「ドイツ人のすごい働き方」は、結果として大きな成果を出しています。

「それは、国の制度からして違うのでは？」

「実際、ドイツみたいな働き方は、日本の職場だと無理だよね」
「うちの会社の社風では無理無理！」

そう反応してしまう人のために、本書では職場のみならず、家庭、コミュニティなど、さまざまな場で活用できる要素を、盛り込んだつもりです。

大きく括れば、**「同じ時間をかけて、よりムダなく、より無理なく多くの成果を出す方法」**、つまり**労働生産性**をいかに上げるか、ということです。

細かくいえば、環境づくり、習慣術、時間術、会議術、ノート術、チームビルディング、リーダーシップ、マインドセット、問題解決方法、弁論術、発想法、目標達成法といったことになります。

多岐にわたりますが、残念ながら「これだけをやればいい！」という「魔法の杖」は存在しません。ひとつひとつの原則を、**できることからインストールしていく**しか、血肉にはならないでしょう。

それでも、本書では私が欧州向けビジネスにはじめて携わってから、**30年かけて得た知**

見の中から、万人に役立てられるものを選択して詰め込みました。
「ドイツ人のすごい働き方」を端的にお伝えできたと信じています。

働き方の方法論は、今後も、テクノロジーの進化で確実に変わっていくはずです。ただ、**目標があり、行動があって、その結果として成果がともなう活動**である以上、今後も変わらず求められるのは、これまでも述べてきた、**本質に集中する力**です。すなわち、「根本原因にアプローチする」「長期的視野に立つ」「完璧であることより、実用的であることを重視する」といったことです。

こうしたドイツ人の働き方に共通する視点は、「人の幸福の追求」にも通じると考えています。本質を見失わなければ、周りの些事に一喜一憂することなく、自分なりの幸せを求めることができるからです。それが、さきほど本書の内容が、家庭やコミュニティでも活用できると述べた理由です。

私が紹介したノウハウを通じて、ひとりでも多くの読者の方々が、真の意味での「働き方改革」を推進し、**自分らしく充実した人生**を歩んでいただければ望外の喜びです。

最後に、執筆にあたり、多大なサポートとご助言、そして、素晴らしい編集をしていただいた、株式会社すばる舎の小寺編集長、吉本副編集長に深く感謝いたします。

そして、出版のきっかけを与えていただきました、岡崎かつひろさん、ありがとうございました。

また、メンターとして、ときには厳しく、ときには優しく細やかなご指導をいただきましたベストセラー作家の本田健さん。ほんとうに、ありがとうございました。

本田健さんのコミュニティ、また、さまざまな「学び」を通じて知り合った仲間たち。皆さんの励ましと応援がなければ、本書は完成しませんでした。

忘れてはならないのが、私に「ドイツ人のすごい働き方」を教えてくれた、かつての職場のドイツ人の同僚たちです。あなたたちのおかげで、私の人生は大きく変わりました。感謝いたします。

そして、最愛の妻のＭＯＭＯこと、ともこ。

いつも励まし、そして、刺激を与えてくれてありがとう。油断すると、自分の殻に引きこもりがちな私が、このように自分を表現する場に立てたのは、君がいてくれたおかげです。ほんとうに感謝しています。これからも、よろしく。

そして何より、本書を読んでくださったあなたに、心からの感謝を。この本が、あなたの仕事と生活の質を向上させ、豊かで満足度の高い日々を送るための一助になることを願っております。

2024年9月　デュッセルドルフの自宅にて

西村　栄基

〈著者略歴〉

西村 栄基（にしむら・しげき）

自動車向け半導体部品を取り扱う商社のドイツ支社に勤務。国立大学理系修士課程修了。大前研一氏が学長を務めるBBT（ビジネス・ブレークスルー）大学大学院でMBA（経営学修士）取得。

2つの会社での海外駐在で計17年間ドイツに在住、欧州向けビジネスに30年間にわたって携わっている。最初の勤務先では30代前半で5年間のドイツ駐在生活を経験。そこで衝撃を受けたドイツ流の働き方を帰国後の職場で実践、自走型人材を育成することに成功した。

帰国後は、さらなるステップアップを目指して、MBAを取得し、経営学、コミュニケーション、脳科学、心理学などの分野での自己投資を経て、43歳で転職し現在に至る。少数精鋭の組織を率い、ドイツ流の自律型の働き方を部下に指導。全員が有休消化し残業ゼロでありながら、高い労働生産性を実現している。自身が登壇するトヨタ自動車（株）、（株）デンソーなどの企業向けのオンラインセミナーでは、800名を超える受講者を集めることもあり、累計受講者数は5,000名を超えている。

西村栄基オフィシャルサイト
https://shigekinishimura.com/

ドイツ人のすごい働き方
日本の3倍休んで成果は1.5倍の秘密

2024年9月30日　第1刷発行
2025年2月8日　第7刷発行

著　者――西村 栄基
発行者――徳留 慶太郎
発行所――株式会社すばる舎

〒170-0013　東京都豊島区東池袋3-9-7 東池袋織本ビル
TEL　03-3981-8651（代表）　03-3981-0767（営業部）
FAX　03-3981-8638
URL　https://www.subarusya.jp/

ブックデザイン―市川さつき
図　版――株式会社ウエイド
校　正――有限会社ペーパーハウス
印　刷――ベクトル印刷株式会社

落丁・乱丁本はお取り替えいたします

ISBN 978-4-7991-1262-5